선천성그리움

선천성 그리움

손택수 엮음

문학의전당

엮은이의 말

여행으로의 초대

어디 멀리 여행이라도 가고 싶은데 여의치가 않습니다. 병가를 내볼까, 궁리를 해보지만 그도 녹록치 않습니다. 주말을 기다려보지만 주말은 주말대로 이런 저런 소비를 하느라 녹초가 되기 십상입니다. 일뿐만 아니라 휴식으로부터도 소외된 삶을 꾸역꾸역 이어가는 게 당대 일상인들의 풍경이 아닌지 모르겠습니다. 그때마다 저는 시를 읽습니다. 시는 일상의 시공간대에서 자신을 떼어내어 무엇인가를 골똘하게 들여다보는 눈을 되찾아줍니다. 어떤 대상을 그 누구보다 오래 그리고 지극하게 바라보면 그 대상이 놀랍게도 들여다보는 자기 자신을 보여줍니다. 세상에서 가장 먼 여행지를 자기 자신이라고 한다면, 시 읽는 일이야말로 최고의 여행법이라고 할 수도 있겠습니다.

여행을 하는 자의 눈에는 모든 것이 새롭듯 시와의 만남을 통해 세계는 비로소 새로워집니다. 사물의 진면목이 드러나고, 그를 둘러싼 세계와 그간 잊고 지낸 '내'가 보이게 되는 것이지요. 그리하여 시를 읽는 시간은 하나의 사물에 시선을 비끄러맨 채 숨결을 고르게 다독이는 시간을 갖는다는 말이기도 합니다. 봄비는 자신의 내부로 맑은 못물 같은 침묵이 흘러들어 오게 하는 시간 그 자체가 된다는 말이기도 합니다. 연못에 찌를 드리운 강태공처럼 나뭇잎 한 장을 오래 들여다봅니다. 나뭇잎이 흔들릴 때 제 마음도 따라 흔들리고, 나뭇잎과 나뭇잎 사이의 여백에 넋을 잃고 있을 때 제 안에도 맑게 비질한 절 마당 같은 여백 한 장이 간신히 들어오는 것 같습니다. 여기에 모인 시들이 당신을 향해 떠나는 여행으로의 초대장 같은 것이 될 수 있다면 좋겠습니다.

2013년 1월 연희창작촌에서

차례

엮은이의 말-여행으로의 초대

제1부 선천성 그리움

김선우 | 콩나물 한 봉지 들고 너에게 가기 12
김수영 | 먼 곳에서부터 14
나희덕 | 찬비 내리고-편지 1 16
문정희 | 내가 화살이라면 18
박라연 | 서울에 사는 평강공주 20
유병록 | 두부 22
윤성학 | 내외 24
이덕규 | 청정해역 26
이성복 | 서해 28
임후성 | 배나무 아래서 30
장석남 | 水墨 정원 9-번짐 32
정윤천 | 천천히 와 34
정현종 | 움직이는 근심은 가볍다-기차에 대한 명상 36
조운 | 석류 38
함민복 | 선천성 그리움 40
황동규 | 오미자술 42
기욤 아폴리네르 | 가인(歌人) 44

제2부 아배 생각

김남주 | 추석 무렵　48
김성춘 | 뻐꾸기　50
김영승 | 반성 100　52
김종삼 | 掌篇 2　54
박재삼 | 아기 발바닥에 이마 대고　56
서수찬 | 이사　58
안상학 | 아배 생각　60
오세영 | 딸에게-시집을 보내며　62
윤제림 | 습관을 생각함　64
이데레사 | 아버지 생각 2　66
이수익 | 어느 밤의 누이　68
장철문 | 무릎 위의 자작나무　70
정재학 | 어머니는 촛불로 밥을 지으신다　72
정진규 | 마른 들깻단　74
천상병 | 소릉조(小陵調)-70년 추일(秋日)에　76

제3부 소를 웃긴 꽃

고재종 | 동안거(冬安居)　80

고진하 | 호랑나비 돛배　82

문태준 | 아침　84

박형권 | 우물　86

백무산 | 감수성　88

서정춘 | 기러기　90

심창만 | 수련(睡蓮)　92

윤희상 | 소를 웃긴 꽃　94

이병률 | 찬란　96

이영광 | 숲　98

이정록 | 물소리를 꿈꾸다　100

이종문 | 고요　102

전봉건 | 피리　104

정지용 | 장수산 1　106

조오현 | 절간 청개구리　108

천양희 | 직소포에 들다　110

D.H. 로렌스 | 제대로 된 혁명　112

로버트 프로스트 | 목장　114

제4부 쥐꼬리에 대한 경배

강은교 | 빨래 너는 여자　118
강형철 | 이슬비 이용법　120
고정희 | 상한 영혼을 위하여　122
김진경 | 첫눈　124
노향림 | 춘방다방　126
박성우 | 상처가 숲을 이루다　128
박영근 | 함흥집　130
박용래 | 月暈　132
복효근 | 쟁반탑　134
성선경 | 쥐꼬리에 대한 경배　136
손세실리아 | 반뼘　138
손택수 | 가슴에 묻은 김칫국물　140
신경림 | 여름날　142
원무현 | 동맥(動脈)　144
유홍준 | 자반고등어　146
윤재철 | 생은 아름다울지라도　148
이면우 | 거미　150
이시영 | 문화이발관　152
이진심 | 사라진 밍크이불　154
전윤호 | 사직서 쓰는 아침　156
최두석 | 성에꽃　158

제1부
선천성 그리움

콩나물 한 봉지 들고 너에게 가기

김선우(1970~)

가령 이런 것
콩나물 시루 지나는 물줄기-붙잡으려는-콩나물 줄기의 안간힘
물줄기 지나갈 때 쏴아아 몸을 늘이는-콩나물의 시간
닿을 길 없는 어여쁜 정념

다시 가령 이런 것
언제 다시 물이 지나갈지
물주는 손의 마음까진 알 수 없는 의기소침
그래도 다시 물 지나갈 때 기다리며-쌔근쌔근한 콩나물 하나씩에 든 여린 그리움
낭창하게 가늘은 목선의 짠함
짠해서 자꾸 놓치는 그래도 놓을 수 없는

물줄기 지나간다

다음 순간이 언제 올지 모르므로
오직 이 순간이 생의 전부이듯-뿌리를 쭉쭉 편다
지금 이 순간밖에 없이 아-너를 붙잡고 싶어 요동치는
여리디 여린 콩나물 몸속의 역동

받아, 이거 아삭아삭한 폭풍 한 봉지야!

콩나물은 물줄기가 지나가는 순간에 생의 전부를 건다. 마치 그 순간이 다시 오지 않을 것처럼. 그러니 얼마나 절박하겠는가. 잡으려 해도 손아귀를 빠져나가는 물줄기를 밧줄 삼아 발돋움하는 그리움의 목덜미는 가늘어서 짠하기까지 하다. 하지만 놓쳐버린 사랑이 뿌리를 쭉쭉 뻗게 하고, 줄기에 아삭한 생기를 품게 한다. 한낱 콩나물시루 속에 이처럼 역동적인 생이 꿈틀거리고 있는 줄은 미처 몰랐다. 다시 보자, 일상 속의 저 무한한 폭풍들!

먼 곳에서부터

김수영(1921~1968)

먼 곳에서부터
먼 곳으로
다시 몸이 아프다

조용한 봄에서부터
조용한 봄으로
다시 내 몸이 아프다

여자에게서부터
여자에게로

능금꽃에서부터
능금꽃으로……

나도 모르는 사이에
내 몸이 아프다

용인 사는 김현경 여사를 찾았다. 아흔이 가까운 나이에도 시인의 아내는 시인의 유품과 추억을 고스란히 간직하고 있었다. 세간의 평이야 어떻든 여사는 이렇게 말했다. 단 하루도 같은 느낌으로 산 날이 없었다고, 늘 어디선가 새로운 바람이 불어오고 있었다고. 여사가 말한 새로운 바람이 이 시의 '아픔'이 아닐까. 봄도, 여자도, 능금꽃도 아픔을 통해 봄이 되고 여자가 되고 능금꽃이 된다. 모든 생명 활동이 그렇다. 그러니 사랑을 한다는 건 고통을 품는 가슴을 갖게 된다는 거다. 아픔을 느낄 줄 아는 통점을 퇴화시키지 않고 간단없이 연마한다는 거다. 일을 마치고 돌아서는 내게 미망인은 말했다. 그 사람은 인류를 위해 시를 쓴다는 말을 입에 달고 살았어요. 나는 '먼 곳으로부터 먼 곳으로' 불어가는 바람소리에 한참이나 귀를 기울이고 있었다.

찬비 내리고
−편지 1

나희덕(1966~)

우리가 후끈 피워냈던 꽃송이들이
어젯밤 찬비에 아프다 아프다 아프다 합니다
그러나 당신이 힘드실까봐
저는 아프지도 못합니다
밤새 난간을 타고 흘러내리던
빗방울들이 또한 그러하여
마지막 한 방울이 차마 떨어지지 못하고
공중에 매달려 있습니다
떨어지기 위해 시들기 위해
아슬하게 저를 매달고 있는 것들은
그 무게의 눈물겨움으로 하여
저리도 눈부신가요
몹시 앓을 듯한 이 예감은
시들기 직전의 꽃들이 내지르는
향기 같은 것인가요

그러나 당신이 힘드실까봐
저는 마음껏 향기로울 수도 없습니다

빗물이 꽃송이를 친다. 꺼져가는 꽃들의 안색이 아프게 파문을 일으킨다. 꽃들처럼 나도 아프다는 소리를 내지르고 싶지만 차마 그럴 수 없다. 내가 아프면 당신도 아플 테니까. 이런 마음을 알아서 난간에 매달려 앙버틴 채 떨어지지 못하는 빗방울이 있다. 꽃의 아픔을 헤아리는 마음과 교감하는 빗방울의 글썽임은 눈시울을 댐의 둑 삼아 꾹 버티고 있는 눈동자를 연상케 한다. 사랑이 떠나가고 나면 나는 시들어갈 것이고, 난간에 매달려 있던 빗물도 더는 버티지 못하고 주르륵 흘러내릴 것이다. 그때까지 나는 함부로 향기로울 수도 없다. 그것이 떠나는 당신의 발길을 무겁게 한다면 그마저도 잠시 접어놓아야 한다. 마음에 홍수가 왔지만 차마 당신 앞에서는 방류를 할 수 없는 댐이 수력발전소가 되어 슬픔을 빛으로 치환하고 있다. 차디차나 눈부시다.

내가 화살이라면

문정희(1947~)

내가 화살이라면
오직 과녁을 향해
허공을 날고 있는 화살이기를

일찍이 시위를 떠났지만
전율의 순간이 오기 직전
과녁의 키는 더 높이 자라

내가 만약 화살이라면
팽팽한 허공 한가운데를
눈부시게 날고 있음이 전부이기를

금빛 별을 품은 화살촉을 달고
내가 만약 화살이라면

고독의 혈관으로

불꽃을 뚫는 장미이기를
숨 쉬는 한 떨기 육신이기를

길을 알고 가는 이 아무도 없는 길
길을 잃은 자만이 찾을 수 있는
그 길을 지금 날고 있기를

자유로운 정신은 아는 길은 가지 않는다. 공들여 쌓은 성도 스스로 무너뜨리고 고독의 황무지를 향해 늘 자신을 열어놓는다. 안정과 편안은 그의 피를 권태롭게 할 뿐이다. 시위를 떠날 때 품었던 전율의 꿈은 과녁에 명중되는 데 있는 것이 아니라 자신을 명중시켜 한 떨기 장미가 되는 빛나는 과정 속에 있다. 그 한순간 한순간이 그에게는 모두 과녁이다. 그러니 길을 잃은들 어떠랴. 그가 이미 길인 것을.

서울에 사는 평강공주

박라연(1951~)

　동짓달에도 치자꽃이 피는 신방에서 신혼 일기를 쓴다 없는 것이 많아 더욱 따뜻한 아랫목은 평강공주의 꽃밭 색색의 꽃씨를 모으던 흰 봉투 한 무더기 산동네의 맵찬 바람에 떨며 흩날리지만 봉할 수 없는 내용들이 밤이면 비에 젖어 울지만 이제 나는 산동네의 인정에 곱게 물든 한 그루 대추나무 밤마다 서로의 허물을 해진 사랑을 꿰맨다

　…가끔…전기가…나가도…좋았다…우리는…

　새벽녘 우리 낮은 창문가엔 달빛이 언 채로 걸려 있거나 별 두서넛이 다투어 빛나고 있었다 전등의 촉수를 더 낮추어도 좋았을 우리의 사랑방에서 꽃씨 봉지랑 청색 도포랑 한 땀 한 땀 땀 흘려 깁고 있지만 우리 사랑 알아서 앞마당 대추나무에 뜨겁게 열리지만 장안의 앉은뱅이저울은 꿈쩍도 않는다 오직 혼수며 가문이며 비단 금침만 뒤우뚱거릴 뿐 공주의 애틋한 사랑은 서울의 산 일번지에 떠도는 옛날이야기 그대 사랑할 온달이 없으므로 더더욱

꽃씨 봉투 같은 신방이 환하다. 가끔 정전이 되기도 하는 산 일번지이지만, 어둠 속에서도 사랑은 늘 자가발전하는 빛이다. 가난한 꽃씨 부부는 맵찬 바람과 비에 젖어 우는 사연들을 속에 쟁이면서 꽃을 피울 기대로 마냥 행복하다. 가장 성스러운 만남을 혼수와 가문의 잣대로 저울질하는 불구의 장안 풍속도를 생각할 때, 아직도 이런 사랑이 있다는 게 은총처럼 느껴진다. 그러니 단순한 옛날이야기요 신파적 사랑에 지나지 않는다고 말하지 마라. 너무 영민해져버린 온달 또한 탓하지 마라. 작은 꽃씨 속 따뜻한 아랫목의 불씨는 얼어붙은 서울 하늘 아래 아직 이렇게 살아 이어지고 있으므로. 촉 낮은 꽃씨 속의 희미한 불빛이 더 잘 보이도록 내 방의 전등 촉수를 낮추어본다.

두부

유병록(1982~)

아무래도 누군가의 살을 만지는 느낌

따듯한 살갗 안쪽으로 심장이 두근거리고 피가 흐르는 것 같다 곧 깊은 잠에서 깨어날 것 같다

순간의 촉감으로 사라진 시간을 복원할 수 있을 것 같은데

두부는 식어간다
이미 여러 차례 죽음을 경험한 것처럼 차분하게

차가워지는 가슴에 얹었던 손으로, 이미 견고해진 몸을 붙잡고 흔들던 손으로

두부를 만진다
지금은 없는 시간의 마지막을, 전해지지 않는 온기를 만져보는 것이다

점점 사이가 멀어진다

두부를 오래 만지면
피가 식어가고 숨소리가 고요해지는 느낌, 곧 떠날 영혼의 머뭇거림에 손을 얹는 느낌

이것은 지독한 감각, 다시 위독의 시간

나는 만지고 있다
사라진 시간의 눈꺼풀을 쓸어내리고 있다

식어가는 두부와 죽음의 과정을 재치 있게 겹쳐놓은 시이다. 소멸의 순간을 응고시켜놓은 두부 한 모의 서늘함 속에 아직 지상을 뜨지 않은 온기가 남아 있다면, 그것은 아마도 위독의 시간을 지키는 저 따듯한 손길 때문이리라. 지독에 이른 감각이 명계의 혼들을 눈뜨게 할 듯 섬뜩하다.

내외

윤성학(1971~)

결혼 전 내 여자와 산에 오른 적이 있다
오붓한 산길을 조붓이 오르다가
그녀가 보채기 시작했는데
산길에서 만난 요의(尿意)는
아무래도 남자보다는 여자에게 가혹한 모양이었다
결국 내가 이끄는 대로 산길을 벗어나
숲속으로 따라 들어왔다
어딘가 자신을 숨길 곳을 찾다가
적당한 바위틈에 몸을 숨겼다
나를 바위 뒤에 세워둔 채
거기 있어 이리 오면 안돼
아니 너무 멀리 가지 말고
안돼 딱 거기 서서 누가 오나 봐봐
너무 멀지도
너무 가깝지도 않은 곳에 서서
그녀가 감추고 싶은 곳을 나는 들여다보고 싶고

그녀는 보여줄 수 없으면서도
아예 멀리 가는 것을 바라지는 않고
그 거리, 1cm도 멀어지거나 가까워지지 않는
그 간극
바위를 사이에 두고
세상의 안팎이 시원하게 내통(內通)하기 적당한 거리

내외는 남녀 사이에 서로 피한다는 뜻도 있지만 부부라는 뜻도 겸하고 있다. 서로 피함으로써 부부로 통하는 게 내외인 셈이다. 여기서 안팎의 구분은 중요하지 않다. 그 둘 사이에 감칠맛 나는, 생각만 해도 침이 꼴깍 넘어가는 거리가 있으면 된다. 신경선이 바짝 조여진 이 거리, 온 우주가 내통하기에 적당한 그 1cm를 지키기 위해 보초를 서던 시절이 내게도 있었다.

청정해역

이덕규(1961~)

여자하고 남자하고
바닷가에 나란히 앉아 있다네
하루 종일 아무 짓도 안 하고
물미역 같은
서로의 마음 안쪽을
하염없이 쓰다듬고 있다네
너무 맑아서
바닷속 깊이를 모르는
이곳 연인들은 저렇게
가까이 있는 손을 잡는 데만
평생이 걸린다네
아니네, 함께 앉아
저렇게 수평선만 바라보아도
그 먼 바다에서는
멸치떼 같은 아이들이 태어나
떼지어 떼지어 몰려다닌다네

마음이 사납게 일렁일 때 바닷가에 한나절쯤만 동그마니 앉아 있어 보라. 들고 나는 파도의 리듬을 따라 몸과 마음이 차분하게 가라앉은 호흡을 타고 공명하면서, 어느 한 순간 들끓던 소음들은 모두 사라지고 내면 가득 거대한 정적이 자리 잡는 걸 느낄 수 있을 것이다. 그 거대한 정적이 바로 너무 깊어서 깊이를 알 수 없는 우리들의 청정해역이다. 이 청정해역은 무엇인가 쓸모 있는 일을 해야 한다는 강박으로부터 벗어날 수 있을 때 찾아온다. 같이 간 이와 함께 추억을 만들기 위해 어떤 유용한 말을 나누거나 기념이 될 만한 사진을 찍으며 수선을 떠는 행위를 내던지고, 그저 하염없이 수평선 너머를 바라볼 수 있을 때 마음 안쪽을 쓰다듬는 물결이 밀려오게 된다. 바라만 보아도 '멸치떼 같은 아이들이 태어나/떼지어 떼지어 몰려다'니는 그 먼 바다가 두고 온 내 사랑이다.

서해

이성복(1952~)

아직 서해엔 가보지 않았습니다
어쩌면 당신이 거기 계실지 모르겠기에

그곳 바다인들 여느 바다와 다를까요
검은 개펄에 작은 게들이 구멍 속을 들락거리고
언제나 바다는 멀리서 진펄에 몸을 뒤척이겠지요

당신이 계실 자리를 위해
가보지 않은 곳을 남겨두어야 할까봅니다
내 다 가보면 당신 계실 곳이 남지 않을 것이기에

내 가보지 않은 한쪽 바다는
늘 마음속에서나 파도치고 있습니다

산을 오르다가 중턱쯤에서 그냥 내려온다. 어느 날은 오르다 말고 들꽃 그늘 시큰대는 것만 바라보다 돌아오기도 한다. 조금만 가면 약수터가 나오고, 또 무슨 절이나 성터가 코앞이라고 해도 할 수 없다. 정상이 저긴데, 여기까지 와서 하산하는 건 너무 싱겁지 않느냐 볼멘소리를 해도 할 수 없다. 그러곤 다 오르지 않은 산에 서리가 내리고, 구름이 머무는 것을 멀찍감치서 바라본다. 그리움은 오르지 않은 산정 하나를 가슴에 남겨두는 일과 같다. 그 산이 여느 산과 크게 다를 것 같지는 않지만, 내게는 그 산이 세계의 중심축이다. 거기에 당신이 있기 때문이다. 당신이 혼자서 노을을 맞고, 바람 소리를 듣고, 떠나온 세상을 생각할 수 있도록 그 자리를 비워두는 게 내 남루한 사랑법이다. 남은 것은 산만한 그리움으로 그리움을 눌러놓는 일. 그리움의 뿌리가 달싹이지 않도록 눌러놓고 꽃 피고 잎 지는 풍경을 아슴아슴 견뎌내는 일. 가지 않는 마음으로 하여 당신이 더 생생하게 느껴진다. 이때 내 안에 산이 하나 들어온다. 당신이라는 산, 다 오르지 않은 그 산 위에서 함께 읽던 바다가 여기 있다.

배나무 아래서

임후성(1968~)

　군대 시절 주방에서 키우던 똥개 한 마리가 병나자 단식하다 굶어 죽었다. 肉보시라도 해야지, 그 마음을 알고 나는 개를 배나무 밑에다 묻어주었다. 도중에 늘상 끼고 다니던 사랑 반지를 개 무덤 속에 빠트리고 말았다. 뒤늦게 알고 나서 반지를 찾기 위해 한밤중 몰래 나와서 미친 듯 삽질을 해댔고, 한참 어디쯤 팠을까, 번뜩 반지를 발견한 순간 내 발 밑은 온통 개 창자와 피투성이였다. 피가 튄 손가락에 금반지를 다시 끼면서 아무것도 아니었다, 아무런 일도 일어나지 않았다고 속으로 뇌까리며

죽은 아내를 되살리기 위해 명계로 내려간 오르페우스의 하프가 삽으로 바뀌었다. 잃어버린 언약의 금반지를 다시 찾는 일이란 곧 죽은 개가 배꽃으로 화하는 시간을 기다리는 일과 같을 것이다. 삶과 죽음의 경계를 초월하는 이 오랜 사랑의 신화는 그러나 창자와 피투성이 같은 부정하고 싶은 처참한 장면들을 은닉하고 있다. 하프가 아닌 삽으로 쓴 연애시. 연애시도 이렇게 리얼리티가 있다.

水墨 정원 9
−번짐

장석남(1965~)

번짐,
목련꽃은 번져 사라지고
여름이 되고
너는 내게로
번져 어느덧 내가 되고
나는 다시 네게로 번진다
번짐,
번져야 살지
꽃은 번져 열매가 되고
여름은 번져 가을이 된다
번짐,
음악은 번져 그림이 되고
삶은 번져 죽음이 된다
죽음은 그러므로 번져서
이 삶을 다 환히 밝힌다

또 한번-저녁은 번져 밤이 된다
번짐,
번져야 사랑이지
산기슭의 오두막 한 채 번져서
봄 나비 한 마리 날아온다

수묵의 농담과 여백 사이에는 분명한 경계가 없다. 퍼져나가던 수묵이 그친 면을 가만히 들여다보면 조금씩 희미해져가는 색과 화선지의 여백이 교감하면서 서로를 끌어안고 있다는 것을 알게 된다. 말하자면, 이것이 번짐이다. 번짐은 자신의 색을 고집하지 않고, 건너가야 할 대상과의 사이에 가로놓인 벽을 무너뜨리려고도 하지 않는다. 누군가를 향한 겸허한 그리움으로 자신의 고유한 색을 흐릿하게 지울 수 있을 때 번짐은 시작된다. 그러므로 붓은 여백을 메우기 위해 색을 칠하는 동시에 여백을 만들기 위해 색을 지울 줄 아는 데서 향기가 나는 것이라 할 수 있을 것이다. 꽃과 열매, 여름과 가을, 음악과 그림, 삶과 죽음 사이의 벽을 어루만지는 번짐을 위해 이제 물끄러미 흐릿해질 시간이다. 무엇인가를 그친다는 것이 또 하나의 삶이 될 수 있음을 알겠다. 산기슭의 향기로운 오두막 한 채와도 같은 시가 번져서 봄 나비 한 마리 날아오는 꽃으로 피어나길 기다려본다.

천천히 와

정윤천(1960~)

천천히 와
천천히 와
와, 뒤에서 한참이나 귀울림이 가시지 않는
천천히 와

상기도 어서 오라는 말, 천천히 와
호된 역설의 그 말, 천천히 와

오고 있는 사람을 위하여
기다리는 마음이 건네준 말
천천히 와

오는 사람의 시간까지, 그가
견디고 와야 할 후미진 고갯길과 가쁜 숨결마저도
자신이 감당하리라는 아픈 말
천천히 와

아무에게는 하지 않았을, 너를 향해서만
나지막이 들려준 말
천천히 와

천천히 와, 보고 싶은 마음에 버선발로 뛰쳐나온 '와'를 슬쩍 뒤에서 잡아당기며 호되게 단속을 시키는 말, '천천히'는 기도다. 후미진 고갯길과 가쁜 숨결 걱정에 그리움에 돌을 얹고 기다리는 지극한 자세다. 그 앞에 켜놓은 촛불 같은 말, 정화수 같은 말. 흔하게 주고받는 말 한마디에 이토록 저린 뜻이 숨어 있었구나.

움직이는 근심은 가볍다
-기차에 관한 명상

정현종(1939~)

움직이는 근심은 가볍다
기차는 떠나서
기차는 달린다
움직이는 건 가볍고
움직이는 근심은 가볍다
달리는 기차 바퀴 소리의
그 꿈결이
이 기나긴 쇳덩어리를 가볍게
띄운다-꿈결 부상(浮上) 열차.
교행(交行) 때문에 서 있으면
근심도 서서 고이고
꿈꾸는 간이역도 보이지 않는다
기차는 움직인다
움직이는 건 가볍고
움직이는 근심은 가볍다

속도의 느림과 **빠름**으로 기차를 품평하려 들지 마라. 꿈결 부상 열차는 느림을 무작정 옹호하지도 않고, 빠름을 반성 없이 예찬하지도 않는다. 굼벵이보다 더 느릴 수도 있고 빛의 속도보다 더 빠를 수도 있는 그는 그저 시간 가는 줄 모르고 놀이에 몰두해 있는 아이처럼 자신의 리듬에 취해 있을 따름이다. 그것이 꿈의 속도다. 꿈의 속도는 근심과 우울과 절망과 세상의 허다한 슬픔 속에 레일을 깔고 굴을 뚫고 또 간이역을 세운다. 이 열차의 승객들은 출발지와 목적지만 있는 여행 대신 그 사이에 있는 꽃 한 송이, 나무 한 그루를 다 간이역으로 삼을 줄 안다.

석류

조운(1900-?)

투박한 나의 얼굴
두툴한 나의 입술

알알이 붉은 뜻을
내가 어이 이르리까.

보소라, 임아 보소라.
빠개 젖힌

이 가슴

홍일점의 어원이 된 과일이 석류다. 많고 많은 과일들을 젖히고 투박하고 두툴한 입술의 보잘 것 없는 석류가 홍일점을 차지했다는 게 얼른 이해가 가지 않는다. 감이나 사과 입장에서 보면 어지간히 자존심 상하는 일이 아닐까 짐작되는데, 생각해보면 다 그럴 만한 이유가 있어 보인다. 석류는 무엇보다 복잡한 내면을 지닌 존재다. 여타의 과일들처럼 달콤하기만 한 것도 아니고, 시큼하기만 한 것도 아니다. 이분법을 무척 싫어하는 그는 중용지덕을 알아서 극단을 한 맛에 다 아우르고 있다. 요컨대, 달콤새콤한 것이다. 그 잊을 수 없는 맛처럼 석류는 이 시조 속에서도 독특한 태도를 보인다. "내가 어이 이르리까"라고 수줍은 척 속내를 드러내지 않으면서도 종장에선 내가 언제 그랬냐는 듯 "보소라, 임아 보소라" 하고 강한 열망을 터뜨리고 있는 것이다. 종장의 파열음 'ㅃ'은 허파의 날숨을 막았다가 일시에 터뜨리는 효과를 잘 익은 석류의 붉은 빛만큼이나 강렬하게 보여준다. 가슴을 빠개 젖히다니! 일반적으로 우리가 알고 있는 시조의 여인상이 아니다. 그 당돌함이 어떤 신세대 여성들의 구애 행위보다 더 적극적이다. 석류의 강렬함을 더욱 돋보이게 하는 임 앞에서의 그 부끄러운 마음이 하필이면 투박한 과일을 홍일점으로 만들었을 거라고 나는 생각한다. 석류는 역시, 달콤새콤해야 제 맛이다.

선천성 그리움

함민복(1962~)

사람 그리워 당신을 품에 안았더니

당신의 심장은 나의 오른쪽 가슴에서 뛰고

끝내 심장을 포갤 수 없는

우리 선천성 그리움이여

하늘과 땅 사이를

날아오르는 새떼여

내리치는 번개여

새떼는 날아오르고, 번개는 내리친다. 수직상승과 수직하강의 전혀 다른 운동성이 시의 심장을 두근거리게 한다. 누가 말했던가. 인간은 반쯤 열린 존재라고. 언제나 반쯤은 닫혀 있는 존재로서 고독은 인간의 타고난 조건이다. 늘 다른 반쪽을 그리워해서 사랑을 하고, 우정을 맺고, 여행을 하고, 시를 쓰지만 나머지 빈자리는 여전히 채워지지 않는 채로 남는다. '포갤 수 없는' 심장과도 같은, '하늘과 땅' 사이처럼 아득하게 벌어진 이 천형의 그리움을 어찌할까. 그것이 천형이라면 심장이 까맣게 타들어가도록 사랑할 수밖에 없는 일이다. 그리움은 채워지지 않음으로써 오히려 우리의 몸과 영혼을 두근거리게 하고, 사람에 대한 뜨거운 지향을 잊지 않도록 한다. 그러니 서로 빗나갈지언정 새떼는 날아오르고, 번개는 내리쳐라. 인도의 바라나시 화장터를 둘러보고 온 누군가가 그랬다. 화장을 할 때 신체기관 중에 가장 늦게까지 타는 게 뭔 줄 알아? 그게 심장이래.

오미자술

황동규(1938~)

오미자 한줌에 보해소주 30도를 빈 델몬트 병에 붓고
익기를 기다린다.
아, 차츰차츰 더 바알간 색,
예쁘다.
막소주 분자(分子)가
설악산 오미자 기개에 눌려
하나씩 분자 구조 바꾸는 광경.
매일 색깔 보며 더 익기를 기다린다.
내가 술 분자 하나가 되어
그냥 남을까 말까 주저하다가
부서지기로 마음먹는다.
가볍게 떫고 맑은 맛!

욕을 해야 할 친구 만나려다
전화 걸기 전에
내가 갑자기 환해진다.

발효란 나와 너 사이의 경계를 허무는 것. 너는 내게로, 나는 네게로 스며들어가 색상도에선 볼 수 없는 빛깔로 어우러지는 것. 그냥 떫은맛을 '가볍게 떫고 맑은 맛'으로 바꾸어 주는 것. 다만 여기까지였다면, 시는 뻔한 계몽적인 수준으로 떨어지고 말았을 것이다. 사랑의 화학반응을 일으키기 전에 '그냥 남을까 말까 주저하는' 저 환한 갈등의 순간을 놓칠 수 없다. 차이의 공존을 통해 우리는 간신히 '나'이면서 '너'가 된다. 설악산의 정기를 받은 오미자 양과 30도나 되는 불같은 성미의 막소주 군이 차린 신방이 그렇다.

가인(歌人)

기욤 아폴리네르(1880~1918)

그리고 일현금(一絃琴)들의 단 한 줄

시는 단 한 줄로 된 현악기다. 그 한 줄은 제목과 본문 사이에도 있고, 가인과 악기 사이에도 있다. 아니 사물과 꿈 사이에 아슬아슬하게 걸쳐져 있는 게 그 한 줄이라고 보는 게 낫겠다. 그 한 줄은 잘 벼린 수평선처럼 서늘하고 투명하게 가슴을 베고 지나간다. 그리고 복화술사처럼 한 일(一)자로 두 입술을 포갠 채 무수한 파도를 일으키며 다채색의 진동음을 일으킨다. 그러나 수평선은 본디 없는 것이 아닌가. 멀찌감치 물러나서야 눈에 들어올 뿐, 다가가면 다가갈수록 다가갈 수 없는 것이 아닌가. 없는 그 한 줄, 그러나 분명히 시인의 가슴을 베고 간 상처 자국, 부재하는 아름다움이 우리를 노래하게 한다. 말에 굳은살이 박일 때면 시퍼런 작두날 위에 올라선 무당처럼 가끔씩 중얼거려보는 이 한 줄, 시라기보다 그것은 이제 무슨 주문 같다.

제2부
아배 생각

추석 무렵

김남주(1946~1994)

반짝반짝 하늘이 눈을 뜨기 시작하는 초저녁
나는 자식놈을 데불고 고향의 들길을 걷고 있었다.

아빠 아빠 우리는 고추로 쉬하는데 여자들은 엉덩이로 하지?

이제 갓 네 살 먹은 아이가 하는 말을 어이없이 듣고 나서
나는 야릇한 예감이 들어 주위를 한번 쓰윽 훑어보았다. 저만큼 고추밭에서
아낙 셋이 하얗게 엉덩이를 까놓고 천연스럽게 뒤를 보고 있었다.

무슨 생각이 들어서 그랬는지
산마루에 걸린 초승달이 입이 귀밑까지 째지도록 웃고 있었다.

달이 고추밭으로 내려왔다. 부끄러운 줄도 모르고 하얗게 엉덩이를 깐 달이다. 아무리 급해도 그렇지 많고 많은 밭 중에 하필 고추밭을 고를 건 무언가. 그렇지 않아도 붉게 익은 추석 무렵의 고추들이 단단히 약이 올랐겠다. 품속의 씨앗들이 터져라 땡땡 부풀었겠다. 제 딴엔 자못 심각하게 묻는 네 살짜리 사내 아이 앞에서 "입이 귀밑까지 째지도록 웃고 있"는 초승달의 해학이 정겹다. 하회탈을 쓴 듯, 하회탈 중에서도 너무 웃어서 턱이 떨어져나간 이매탈이라도 뒤집어쓴 듯 천연덕스런 어법에 절로 손바닥 장단이 인다. 저 밭에서 나온 고추에 된장을 찍어 한 그릇 고봉밥처럼 떠오른 보름달을 따그락 따그락 수저 부딪는 소리를 내며 퍼먹고 싶다. 혼자 퍼먹기엔 지나치게 꾹꾹 눌러 담았으니 둥그레밥상 주위로 옹기종기 이마라도 맞대고 정담을 나누면서 하는 식사라면 더 좋겠다. 순백의 환한 거름을 뿌린 들판 위로 달이 둥글어간다. 손을 잡고 달 속으로 귀성하는 아이와 아버지의 모습이 아련하다.

뻐꾸기

김성춘(1942~)

갓 따온 싱싱한 상추 같은
오월 아침
개다리소반 앞에 두고 손녀와 마주한다
흙담 넘어 뻐꾸기 소리 놀러 온다
-온유야
뻐꾸기 어떻게 울지?
"뽀카 뽀카……"
-온유야
뻐꾸기 친구 어떻게 울지?
"버까 버까……"

아, 흙담 넘어
놀러 온 이쁜 손녀 뻐꾸기
뽀카 뽀카
버까 버까
갓 따온 싱싱한 상추 같은

뻐꾸기는 어떻게 우는가? 학생들에게 물어보면 아마 십중팔구는 '뻐꾹뻐꾹'이라 답할 것이다. 뻐꾸기 입장에선 좀 억울한 일이 아니다. 그도 울다 보면 목이 쉴 때도 있을 것이고, 사철 변화하는 대기의 흐름에 따라 섬세한 차이를 보일 텐데 말이다. 아직 입학 전인지 어린 손녀는 기호의 감옥 속에 갇힌 뻐꾸기를 자유롭게 해방시키고 있다. 까마귀의 검은색으로부터 다채로운 빛깔을 발견하는 연암 박지원식의 사유와 전혀 다르지 않다. 이 놀라운 유희 본능과 싱싱한 천진무구를 아이에게서 너무 일찍 빼앗지 않도록 하자.

반성 100

김영승(1959~)

연탄장수 아저씨와 그의 두 딸이 리어카를 끌고 왔다.
아빠. 이 집은 백 장이지? 금방이겠다, 머.
아직 소녀티를 못 벗은 그 아이들이 연탄을 날라다 쌓고 있다.
아빠처럼 얼굴에 껌정칠도 한 채 명랑하게 일을 하고 있다.
내가 딸을 낳으면 이 얘기를 해주리라.
니들은 두 장씩 날러
연탄장수 아저씨가 네 장씩 나르며 얘기했다.

용의검사 때마다 손톱 밑에 낀 때 때문에 항상 지적을 받곤 하는 아이였다. 나는 그런 짝을 둔 게 창피했다. 초등학교를 졸업한 지 26년 만에 연탄보급소를 취재하기 위해 내가 자란 마을을 찾았다. 40년이 넘었다는 연탄보급소는 그 연륜도 연륜이지만 부녀가 함께 운영하는 것으로 더 유명했다. "딸아가 어렸을 때부터 참 착했제. 학교만 마치면 집에 와서 아버지 연탄 수레를 안 밀었나. 이 동네 사람들치고 그 집 딸 도움 없이 겨울 난 사람은 없을 끼다 아마. 지금도 독거노인들한테는 장당 20~30원씩 싸게 배달한다 카더마." 잔뜩 기대를 품고 찾아간 보급소에서 뜻밖의 사람을 만났다. 연탄재가 손금에 박혀 지워지지 않는 손으로 반갑게 맞아주던 그녀, 내 짝 말순이였다.

掌篇 2

김종삼(1921~1984)

조선총독부가 있을 때
청계천변 10전 균일 상밥집 문턱엔
거지 소녀가 거지 장님 어버이를
이끌고 와 서 있었다
주인영감이 소리를 질렀으나
태연하였다
어린 소녀는 어버이의 생일이라고
10전짜리 두 개를 보였다

어떤 시는 말을 잃게 한다. 알뜰한 해석과 예리한 분석, 판단을 정지시켜버린 채 가슴을 향해 단도직입해 들어온다. 밑바닥으로부터 올라오는 인간에 대한 깊은 신뢰와 뭉클한 비애감에 속절없이 젖어들게 하는 시. 그 흔한 수사도, 상징도, 비유도 없지만 매사에 심드렁해 있던 가슴을 쓰나미처럼 뒤흔들어놓고 아무 일도 없었다는 듯 태연하게 하나의 풍경처럼 다가오는 시. 시를 얘기하면서 더러 시인의 삶을 같이 들려주고 싶은 유혹을 느낄 때가 있다. 드물지만 김종삼이 그런 경우다. 평생을 가난하게 산 그는 말년이 몹시 불우했다고 전한다. 가진 것이라고는 술과 음악과 시뿐이었다는데, 어버이의 생일이라고 '10전짜리 두 개'를 동냥하고 밥집 문 앞에 당당하게 서 있는 거지 소녀와 시인이 자꾸 겹쳐 보이는 것은 무엇 때문일까. 시인은 노래했다. 「나의 本籍(본적)」은 "늦가을 햇볕 쪼이는 마른 잎이"라 "밟으면 깨어지는 소리가 난다"고. 그리고 또 노래했다. "나의 본적은/몇 사람밖에 안 되는 고장/겨울이 온 교회당 한 모퉁이", "인류의 짚신이고 맨발이"라고. 이렇게 가엾고, 그늘지고, 아픈 것들에 '본적'을 둔 이들이 시인이다.

아기 발바닥에 이마 대고

박재삼(1933~1997)

一년 五개월 짜리
상규의 잠자는 발바닥
골목 안과 뜰 안을 종일
위험하게 잘도 걸어 다녔구나.
발바닥 밑으로 커다란 해를 넘긴
어여쁘디 어여쁜 발아.
돌자갈 깔린 길보다도 험한
이 애비의 이마를 한번 밟아 다오.
때 안 타는 연한 발아.

햇살이 겨울 가지에 불을 켜듯 오너라. 구름장을 뚫고나온 빗방울이 둥글게 오므려 쥔 손으로 연못물을 톡톡톡 두드려주듯 오너라. 어여쁘디 어여쁜 발아, 지상의 모든 골목과 뜰을 사뿐히 디뎌다오, 네 한 걸음 한 걸음 속에서 세상은 다시 태어나고, 네 한 걸음 한 걸음 속에서 굴곡 많은 아비의 이마에도 연한 햇발은 돋아나려니, 떨어지는 이파리가 추워 떠는 벌레의 선잠 위로 이불을 끌어당겨주는 한 해의 끝자락, 네 발바닥 밑으로 지는 해를 오늘 내가 본다, 지상에 없는 빛깔로 어둔 이마를 부드럽게 짚고 가는 저 일몰! 밟히면 밟힐수록 수혈이라도 받은 듯 생생해지는 붉은 발자국.

이사

서수찬(1963~)

전에 살던 사람이 버리고 간
헌 장판지를 들추어내자
만 원 한 장이 나왔다
어떤 엉덩이들이 깔고 앉았을 돈인지는 모르지만
아내에겐 잠깐 동안
위안이 되었다
조그만 위안으로 생소한
집 전체가 살 만한 집이 되었다
우리 가족도 웬만큼 살다가
다음 가족을 위해
조그만 위안거리를 남겨 두는 일이
숟가락 하나라도 빠트리는 것 없이
잘 싸는 것보다
중요한 일인 걸 알았다

아내는

목련나무에 긁힌
장롱에서 목련향이 난다고 할 때처럼
웃었다.

장판 아래 숨겨놓은 비상금을 깜박 잊은 채 이사를 간 가계가 있었나 보다. 그들의 망각이 새로 들어온 가계의 심란한 주름살을 활짝 펴주는 힘이 되어주고 있다. 만 원 한 장의 이 소박한 횡재가 아름다운 것은 다음 가족을 위한 위안거리를 준비하는 부부의 따뜻한 마음 때문일 게다. 시인은 무언가를 다 소유하지 않고 머물 줄 아는 마음을 얻게 된 것이야말로 가장 큰 횡재라고 말하고 싶었던 게 아닐까. 목련에 긁힌 상처투성이 가구에서 목련 향이 난다고 하는 아내처럼 우리의 가난과 상처에도 향기가 밸 수 있다면 좋겠다.

아배 생각

안상학(1962~)

뻔질나게 돌아다니며
외박을 밥 먹듯 하던 젊은 날
어쩌다 집에 가면
씻어도 씻어도 가시지 않는 아배 발고랑내 나는 밥상머리에 앉아
저녁을 먹는 중에도 아배는 아무렇지 않다는 듯
-니, 오늘 외박하냐?
-아뇨, 올은 집에서 잘 건데요.
-그케, 니가 집에서 자는 게 외박 아이라?

집을 자주 비우던 내가
어느 노을 좋은 저녁에 또 집을 나서자
퇴근길에 마주친 아배는
자전거를 한 발로 받쳐 선 채 짐짓 아무렇지도 않다는 듯
-야야, 어디 가노?
-예……. 바람 좀 쐬려고요.

-왜, 집에는 바람이 안 불다?

그런 아배도 오래 전에 집을 나서 저기 가신 뒤로는 감감 무소식이다

아버지의 발고랑내보다 더 고약한 것은 아들을 궁지로 몰아넣는 아버지의 투박한 화법이다. 살갑지는 못할망정 사사건건 시비조인 아버지는 아들 하는 짓이 하나도 마음에 들지 않는다는 투다. 그런데 퉁명스럽기도 하고 익살스럽기도 한 아버지와 속수무책 당하고 있는 아들의 대화가 어딘지 구수하게 다가온다. 안동고등어 굽는 냄새처럼 알맞게 익힌 안동 방언들이 여기에 한몫을 하고 있다. "왜, 집에는 바람이 안 불다?" 이 대목에 이르면 바람처럼 살아온 아들에 대한 원망과 강한 애정이 미소를 머금게 한다. 데면데면한 부자간에 오가는 말들이지만 그 속에 담긴 사랑을 말해 무엇하랴. 부전자전 곰살맞은 데 없는 아들이긴 해도 아들 역시 아버지를 그리워하고 있긴 매한가지다. 아무래도 시인은 "저기 가신 뒤로는 감감 무소식", 허구한 날 외박만 하시는 아버지의 그 쿰쿰한 발고랑내가 사무치는가보다.

딸에게
−시집을 보내며

오세영(1942~)

가을바람 불어
허공의 빈 나뭇가지처럼 아빠는
울고 있다만 딸아
너는 무심히 예복을 고르고만 있구나.
이 세상 모든 것은
붙들지 못해서 우는가 보다.
강변의 갈대는 흐르는 물을,
언덕의 풀잎은
스치는 바람을 붙들지 못해
우는 것, 그러나
뿌리침이 없었다면 그들 또한
어찌 바다에 이를 수 있었겠느냐.
붙들려 매어 있는 것치고
썩지 않는 것이란 없단다.
안간힘 써 뽑히지 않는 무는

제자리에서 썩지만
스스로 뿌리치고 땅에 떨어지는 열매는
언 땅에서도 새싹을 틔우지 않더냐.
막막한 지상으로 홀로 너를 보내는 날,
아빠는 문득 뒤꼍 사과나무에서
잘 익은 사과 하나 떨어지는 소리를
듣는다.

가을 나무는 환부투성이다. 금이야 옥이야 어디 다치지나 않을까 애지중지 키워온 열매를 떠나보내야 할 시점에 이르렀으니 그 속이 오죽하랴. 아비의 마음을 몰라주고 예복을 고르는 딸이 야속도 하지만, '붙들려 매어 있는 것치고/썩지 않는 것이란 없'으니, 새로운 시작을 약속하는 위대한 결별이 필요한 때다. 딸아, 그리하여 나는 너를 떠나보낸다. 나뭇잎이 떨어져나간 자리에서 말간 진물이 흘러나온다. 이 진물이 쓰디쓴 환부를 감싸 안고, 목마른 잎벌레들과 곤충들을 불러들여 목을 축이게 한다. 일테면, 상처가 샘물인 것이다. 아릿아릿 환하게 아파오는 상처의 샘물로 우뚝한 가을 나무를 보라. 이 욱신거리는 사랑을 나무의 열매 역시 품게 될 것이다.

습관을 생각함

윤제림(1960~)

친정에 다니러 온 딸과
엄마가 마루 끝에 나란히 누워
서로의 얼굴에 부채질을 한다
치우지 못한 여름 습관이다.

무슨 이야기 끝인지 한 사람이 운다
나쁜 습관이다.

오래 울진 않는다
해가 짧아졌구나, 저녁 안쳐야지
부채를 집어던지며 일어선다
엄마의 습관이다

가을이다.

시대가 변했다지만 근친을 온 딸과 어머니처럼 정겹고, 서러운 관계도 없다. 한 가계의 어미가 되어 살아가는 동안 겪을 신난고초가 어디 하나둘이랴. 묵묵히 살아온 이야기를 다만 들어줄 수 있을 뿐인 그 안타까운 마음이 서로에게 부채질을 한다. 여름의 습관이라고 짐짓 딴청을 부리고 있긴 하지만, 잔바람이라도 불러와서 마음의 화농을 조금이라도 가라앉혀 주고 싶은 마음이 거기에 배어있는 것이리라. 마치 괜찮다고, 괜찮다고 등을 다독거려 주듯이. 주름 많은 삶에 살을 대어 바람을 불러오는 것이 여자의 일생이라는 듯이. 저녁을 짓기 위해 자리를 털고 일어서는 '엄마의 습관'이 부채를 집어던지며 울음을 뚝 멎게 하고 있다. 모전여전(母傳女傳) 밥을 짓는 습관, 지상에 무슨 일이 있어도 그칠 수 없는 그 아름다운 습관이 바로 성숙한 가을의 초상이다. 그런데 이런 식의 습관화된 사고조차 반성하고 있는 것이 시의 습관이라면 어떨까?

아버지 생각 2

이데레사 (1960~)

아버지가 면도한다.
두 볼에 비누 가득 묻히고
오른 볼에 면도날을 대려고

왼 볼로 입을 몰아붙인다.
내 입도 볼도 같이 돌아간다.
면도날 따라 비누 거품도
싹싹 밀려난다.
아버지 얼굴이 환하게 다시 나온다.

아버지 외출한다.
머리빗으로 머리 싹싹 빗어 넘긴다.
화장대 키가 작다.

아버지는 두 다리 쩍 벌리고
배를 앞으로 내밀고

자기 얼굴이 거울에 비치게 하려고
춤을 추듯 머리를 빗는다.

아는 사진작가에게 최고의 인물사진은 어떻게 해서 나오는 거냐고 물었더니 뭘 그런 당연한 걸 다 묻느냐는 듯 뚱한 표정으로 이렇게 답하는 것이었다. 사랑하는 사람이 찍으면 돼요, 기교도 좋은 카메라도 사랑을 이길 수는 없는 거죠. 이 시가 그렇다. 아버지에 대한 간절한 추억이 특별할 것 없는 외출 장면을 경이로운 일대 사건으로 각인시켜 놓았다. 따라 읽다 보면 아버지 면도 흉내를 내는 저 어린 딸처럼 "내 입도 볼도 같이 돌아간다."

어느 밤의 누이

이수익(1942~)

한 고단한 삶이
내 어깨에 머리를 기댄 채
혼곤한 잠의 여울을 건너고 있다.

밤도 무척 깊은 귀가길,
전철은 어둠 속을 흔들리고……

건조한 머리칼, 해쓱하게 여윈
핏기 없는 얼굴이
어쩌면 중년의 내 이종사촌 누이만 같은데
여인은 오늘 밤 우리의 동행을 아는지 모르는지
내 어깨에 슬픈 제 체중을 맡긴 채
송두리째 넋을 잃고 잠들어 있다.

어쩌면 이런 시간쯤의 동행이란
천 년만큼 아득한 별빛 인연일지도 모른다는

생각에 이르자 나는 잠시 내 어깨를 빌려주며
이 낯선 여자의 오빠가 되어 있기로 한다.

전철은 몇 번이고 다음 역을 예고하며
심야의 지하공간을 달리는데……

> **심**야의 지하 공간에 별이 떴다. 성도 이름도 모르지만 '오누이별'이다. 하루 종일 어디서 무슨 일을 하다가 돌아오는 것일까. 창백하게 여윈 여인의 얼굴을 보는 순간, 누이가 떠오른다. 내 누이도 저렇게 일용할 양식을 위해 저자를 떠돌아다니고 있겠지. 그 고운 얼굴에 주름이 잡히도록 고단한 일상에 파묻혀 있겠지. 누이 생각에 낯선 여인에게 베개 삼아 어깨를 빌려준 시인은 과연 어디까지 동행을 한 것일까. 지하철에서 모자란 잠을 자야할 만큼 지칠 대로 지친 삶에게 가만히 어깨를 받쳐주고 싶다. 불편한 잠일망정 잠시나마 편히 쉬라고, 목적지가 다가오는데도 차마 어깨를 빼지 못하고, "천 년만큼 아득한 별빛 인연"을 생각하며 이어지는 레일을 따라가 보고 싶다. 그 레일 위에 별빛이 어린다면, 지하철이 오늘은 은하철도다. 우리는 모두 심야처럼 캄캄한 삶을 레일 삼아 별까지 가는 철도 여행자들이다.

무릎 위의 자작나무

장철문(1966~)

자작나무가 내 무릎 위에 앉아 있다

돋아나고 있다, 가슴에서도
피어나고 있다

두 그루가 마주보고 있다

내 생애에서 가장 소중한 것을,
한번도 채우지 못한
목마름의 샘을
자작나무가 틔우고 있다

자작나무가 나를 보고 있다
내가 자작나무를 보고 있다

자작나무가 자작나무를 낳고 있다

구겨져서 납작하게 눌린 나무가
잎사귀에 피어서
주름들이 지워지고 있다

내가 자작나무의 무릎 위에 앉아 있다

가지는 먼 북쪽 방위를 가리키며 떠는 나침반이요, 그 흰 수피는 겨우내 산 능선에 머물던 눈의 유민이다. 차디찬 샘물 한 바가지처럼 서늘한 그늘이 일품인 나무. 여름에 그리워지는 게 자작나무다. 그런데 무릎 위의 자작나무라니? '자작나무'를 '아이'로 바꿔 읽으니 나무와 나의 순환 관계가 더 잘 다가온다. 나는 자작나무를 낳고, 자작나무는 나를 낳는다. 이 오랜 보람이 깨어지지 않도록 무릎 위에 자작나무를 극진히 모실 일이다.

어머니가 촛불로 밥을 지으신다

정재학(1974~)

　어머니가 촛불로 밥을 지으신다 비가 오기 시작하는데 어머니가 촛불로 밥을 지으신다 날도 어두워지기 시작하는데 어머니가 촛불로 밥을 지으신다 하늘이 죽어서 조금씩 가루가 떨어지는데 어머니가 촛불로 밥을 지으신다 나는 아직 내 이름조차 제대로 짓지 못했는데 어머니가 촛불로 밥을 지으신다 피뢰침 위에는 헐렁한 살 껍데기가 걸려 있는데 어머니가 촛불로 밥을 지으신다 암이 목구멍까지 올라왔는데 어머니가 촛불로 밥을 지으신다 손톱이 빠지기 시작하는데 어머니가 촛불로 밥을 지으신다 누군가 나의 성기를 잘라버렸는데 어머니가 촛불로 밥을 지으신다 목에는 칼이 꽂혀서 안 빠지는데 어머니가 촛불로 밥을 지으신다 펄떡거리는 심장을 도려냈는데 어머니가 촛불로 밥을 지으신다 담벼락의 비가 마르기 시작하는데 어머니가 촛불로 밥을 지으신다

전기불에 비하면 촛불은 미약하기 짝이 없다. 전기불은 방 안의 어둠을 단번에 밀어내버리지만, 촛불은 어둠을 완전히 제거하지 못한다. 그러나 완전히 밝지도 완전히 어둡지도 않은, 어둠과 빛이 동시에 공존하는 그 품은 부드럽고 안온하다. 어머니는 그 부드러운 불로 밥을 짓고 있다. 촛불로 밥을 짓는 게 현실적으로 과연 가능한가라고 묻지는 말 일이다. 거리에선 지금 누군가 십자가에 매달리듯 피뢰침에 매달려 끔찍하게 죽어가고 있고, 입을 틀어막기 위해 칼이 목에 꽂혀 있는 끔찍한 지옥도가 현실이 되어가고 있는 것이다. 외면하고 싶은 이 끔찍한 현실을 드러내는 게 촛불이다. 빗속에서도 촛불은 타오르고, 암이 목구멍까지 차올라도 촛불은 타오른다. 들라크루아의 〈민중을 이끄는 자유의 여신〉을 우리 시대에 다시 본다는 것은 참혹한 일이다.

마른 들깻단

정진규(1939~)

　다 털고 난 마른 들깻단이 왜 이리 좋으냐 슬프게 좋으냐 눈물 나게 좋으냐 참깻단보다 한참 더 좋다 들깻단이여, 쭉정이답구나 늦가을답구나 늙은 아버지답구나 빈 밭에 가볍게 누운 그에게서 새벽 기침 소리가 들린다 서리 맞아 반짝거리는 들깻단, 슬픔도 저러히 반짝거릴 때가 있다 그런 등성이가 있다 쭉정이가 쭉정이다워지는 순간이다 반짝이는 들깻내, 잘 늙은 사람내 그게 반가워 내 늙음이 한꺼번에 그 등성이로 달려가는 게 보인다 늦가을 앞산 단풍은 무너지도록 밝지만 너무 두껍다 자꾸 미끄럽다 늦가을을 맞은 들깻단도 아버지도 이제는 거죽만 남은 쭉정이 신세다. 하지만 잘 마른 들깻단엔 깨를 털기 전의 향기와는 또 다른 향기가 있다. 물기가 싹 가신 뒤의 들깨는 빈 몸에 서리를 맞아들여 고소한 열매들이 낼 수 없는 독특한 삶의 체취를 뿜어낸다. '반짝이는 들깻내', 몸과 마음을 비워나가는 그 맑고 가볍고 정갈한 몇 말의 냄새야말로 인생의 참된 반짝임이다. '쭉정이가 쭉정이다워지는 순간'이란 곧 노년을 늙고 병듦이 아닌 자연스런 완성으로 받아들여 인생이 인생다워지는 순간을 가리킨다. 가을 들판이 여윈다. 덤불의 기운이 꺾이면서 숲에 가려져 있던 작은 길들이 눈에 들어오기 시작한다. 빽빽하게 붙어 있던 나뭇가지와 나뭇가지 사이로도 여백이 늘고 있다. '다 털린' 저 빈 곳에 빨래라도 내다 걸듯 비린 습기들을 조금씩 말려볼 일이다. 바싹하게 잘 마른 들깻단은 불에 탈 때도 매운 연기를 내지 않고 불땀이 좋은 법이므로.

소릉조(小陵調)
－70년 추일(秋日)에

천상병(1930~1993)

아버지 어머니는
고향 산소에 있고,

외톨배기 나는
서울에 있고,

형과 누이들은
부산에 있는데

여비가 없으니
가지 못한다.

저승 가는 데도
여비가 든다면

나는 영영
가지도 못하나?

생각느니, 아,
인생은 얼마나 깊은 것인가.

소릉은 성당 시대의 대시인 두보의 호다. 장안이 안녹산의 반란군에 의해 점령되었을 때 옥에 갇힌 두보가 쓴 시 중에 이런 구절이 있다. "고향에선 서리 내리기 전에/흰 기러기가 날아왔었지/피난 간 아우와 누이들은/시방 어디서 살고 있는가." 가족에 대한 그리움이 절절하게 묻어나는 이 시의 원제는 「구일(九日)」로 중양절에 쓰인 것이다. '70년 추일(秋日)에'라는 부제가 붙은 천상병의 시는 동백림 사건에 연루되어 투옥되었다가 출옥한 뒤에 쓴 것으로 보인다. 모진 고문 끝에 피폐해진 그가 행려병자가 되어 떠돌다가 두보처럼 명절 대목을 맞았다. 두보는 전란 때문에 고향에 가지 못하지만, 시인은 여비가 없어 가지 못하는 신세다. 천 몇 백 년 전의 전쟁이 돈으로 바뀌었을 뿐, 예나 지금이나 변한 것은 없다. 시인의 천진스런 질문은 여비가 없으면 고향이 아니라 저승도 못갈 것처럼 야단법석인 동시대의 삶을 짐짓 꾸짖고 있는 듯도 하다.

제3부
소를 웃긴 꽃

동안거(冬安居)

고재종(1957~)

목화송이 같은 눈이 수북수북 쌓이는 밤이다

이런 밤, 가마솥에 포근포근한 밤고구마를 쪄내고
장광에 나가 시린 동치미를 쪼개오는 여인이 있었다

이런 밤엔 윗길 아랫길 다 끊겨도
강변 미루나무는 무장무장 하늘로 길을 세우리

눈은 길을 끊는다. 집과 집 사이, 마을과 마을 사이로 난 모든 길을 지운다. 함부로 소통하려 하지 마라, 통한다는 것이 그리 쉬운 일인 줄 알았더냐. 도저한 단절이다. 우리는 눈의 감옥 속에 유폐되어 비로소 안거에 이르게 된다. 가마솥에 쪄낸 고구마와 속을 개운하게 씻어 내리는 동치미 국물을 내오는 여인에 대한 그리움. 이 그리움 위로도 눈은 푹푹 내린다. 지붕 위에 두툼한 눈 이불 끌어 덮고 굴뚝만 간신히 내어놓은 채 잠을 자는 집, 안에서 무얼 하는지 굴뚝 연기만 중얼중얼 알아들을 수 없는 잠꼬대처럼 피어오르는 겨울 집. 그 속에 들어 나는 하늘로 가는 길을 생각할 것이다. 눈 속에서 붉어진다는 어느 먼 산중의 단단한 열매 하나와 속살이 벗겨져 나온 가지에 남은 산토끼 시린 이빨 자국이라도 더듬어볼 것이다.

호랑나비 돛배

고진하(1953~)

홀로 산길을 오르다 보니,
가파른 목조 계단 위에
호랑나비 날개 한 짝 떨어져 있다.
문득
개미 한 마리 나타나
뻘뻘 기어오더니
호랑나비 날개를 턱, 입에 문다.
그러고 나서
제 몸의 몇 배나 되는
호랑나비 날개를 번쩍 쳐드는데
어쭈,
날개는 근사한 돛이다.
(암, 날개는 돛이고말고!)
바람 한 점 없는데
바람을 받는 돛배처럼
기우뚱

기우뚱대며
산길을 가볍게 떠가고 있었다
개미를 태운
호랑나비 돛배!

호랑나비의 사체가 개미를 만나 새로운 생명을 얻었다. '호랑나비 돛배!' 나비도감에도 돛배도감에도 없는 이 전혀 새로운 사물의 탄생은 우리를 얼마나 경이롭게 하는가. 죽은 호랑나비와 제 몸의 몇 배나 되는 짐을 이고 가는 개미의 힘든 노역을 바라보는 시인의 시선이 연민에 가득 차 있다. 저 무거운 육신의 짐을 조금이라도 덜어줄 수는 없을까. 이런 간절함이 날 수 없는 나비의 '날개'를 일순간 '돛'으로 바꾼다. 날개가 돛으로 몸을 바꾸면서 개미는 짐을 진 자의 수고로부터 벗어나 돛배를 타고 가는 자의 가벼움을 누리게 된다. 산길을 바다로 바꾸고, 바람 한 점 없는데 바람을 일으키는 놀라운 상상력의 정체는 결국 연민이다. 만약 우화등선(羽化登仙)이 있다면 이런 것이 아닐까 싶다. 죽음과 삶을 하나로 이으면서 세상에 없는 사물과 이름을 빚어낼 때, 어떤 신선도 부럽지 않을 것이다.

우물

박형권(1961~)

귀뚜라미는 나에게 가을밤을 읽어주는데
나는 귀뚜라미에게 아무것도 해준 것이 없다
언제 한번 귀뚜라미 초대하여
발 뻗고 눕게 하고
귀뚜라미를 찬미한 시인들의 시를
읽어주고 싶다
오늘 밤에는
귀뚜라미로 변신하여
가을이 얼마나 깊어졌는지 동네 우물에 두레박을 내려봐야겠다

귀뚜라미가 보일러 회사에 취직한 뒤로는 우리 사이가 영 불편해졌다. 귀뚜라미가 울기 시작하면 기름 탱크가 비지 않았는지, 낡은 보일러를 또 수리해달라고 보채는 건 아닌지 을씨년스러운 가계에 한숨이 절로 나온다. 그런데 아직도 밤을 지새우며 귀뚜라미를 찬미하는 시인이 있구나. 세상 어디서도 편하게 발 뻗고 눕지 못한 채 거리를 떠도는 밤의 악사, 수많은 노래와 시에 영감을 주고도 그 흔하디흔한 저작권 인세 한 푼 받아본 적 없는 울음소리. 오늘밤에는 나도 그 울음소리 고이는 귓속에 두레박을 내리고 서늘하게 맑아진 가을밤을 길어 올려봐야겠다.

아침

문태준(1970~)

새떼가 우르르 내려앉았다
키가 작은 나무였다
열매를 쪼고 똥을 누기도 했다
새떼가 몇 발짝 떨어진 나무에게 옮겨가자
나무 상자로밖에 여겨지지 않던 나무가
누군가 들고 가는 양동이의 물처럼
한 번 또 한 번 출렁했다
서 있던 나도 네 모서리가 한 번 출렁했다
출렁출렁하는 한 양동이의 물
아직은 이 좋은 징조를 갖고 있다

새들은 지치는 법이 없다. '내려앉다, 쪼다, 누다, 옮겨가다' 같은 바지런한 동사에 탄성 좋은 스프링이 들어 있는 것 같다. 이들 동사가 모여 자신을 한낱 절단된 상자로밖에 여기지 않는 나무를 출렁이게 한다. 새떼에 꾹 짓눌려 있다, 기지개를 켜듯 튕겨 오르는 작은 나무의 출렁임이 나무상자 네 모서리처럼 무뚝뚝하게 멈춰 서 있던 '나'까지 파문 지게 한다. 이 상서로운 파문이야말로 오늘의 일용할 운세다. 그러니 오늘의 수고로운 짐을 다시 지기로 하자. 그 짐들에 날개를 달아주기로 하자. 한 양동이의 물을 지고 가는 사람처럼, 내가 출렁일 때 흘러넘치는 물이 마른 땅을 적실 수 있다면.

감수성

백무산(1955~)

베스트셀러 작가로 유명한 분이 돌아가시면서 전재산
십억이 넘는 돈을 모교인 국립서울대학교에 기부하고 갔습
니다
살아 계실 때 온화한 모습 그대로

얼마 뒤 부산 사는 진순자(73) 할머니는 군밤장사 야채장사
파출부 일을 하며 평생 모은 일억 팔백만원을 아프리카 최
빈국
우간다 굶주려 죽어가는 어린아이들에게 보냈습니다
"우리도 옛날에 원조 받아 공부도 하고 학용품도 사고 그랬
단다,
우간다 아이들아 공부 열심히 해야 한다." 당부도 담아서

농사짓고 공장 일 하는 사람들의 공부 모임에서
시를 공부하다 나온 얘기였는데

누가 내게 물었습니다

둘의 차이가 무엇이라 생각하느냐고

나는 계급성이라고 말하려다
감수성이라고 말했습니다

계급적 감수성이라고 말하려다
생명의 감수성이라고 말했습니다

감수성은 윤리적인 거라고 말하려다
제길, 감수성은 고상한 것이 아니라 염치라고 말했습니다

> **예**술이 윤리가 되는 순간은 윤리를 표방할 때가 아니라 스스로 부끄러움을 잊지 않을 때 찾아온다. 유명작가와 이름 없는 군밤장사 할머니의 삶 중에 과연 어느 쪽이 더 문화적이냐고 묻는다면 당신은 어떻게 답하겠는가? 학연이나 혈연, 지연을 넘어서 오직 생명의 감수성으로 연대를 형성한 진순자 할머니의 당부가 베스트셀러 작가의 그 어떤 작품보다 더 감동적으로 다가오는 걸 어떻게 설명해야 할지……. 시인은 고상한 설명 대신 짧게 '염치'라고 답했다. 저 순결한 부끄러움이야말로 우리를 구원하는 힘이 아닐까.

기러기

서정춘(1941~)

허드레
허드레
빨랫줄을
높이 들어올리는
가을 하늘
늦비
올까
말까
가을걷이
들판을
도르래
도르래 소리로
날아오른 기러기떼
허드레
빨랫줄에
빨래를 걷어가는

분주한 저물녘
먼
어머니

빨랫줄을 높이 들어올리기 위해 시행마저 장대를 닮고 말았다. 그런데, 이파리와 가지를 다 쳐내고 **뼈**만 앙상한 장대와 달리 시행 마디마디에서 금방이라도 새잎이 돋아날 듯하다. 낡고 허름한 것을 뜻하는 우리말 '허드레'가 '도르래'를 만나 빛나는 대목을 보라. 여기엔 낡은 빨래일망정 정성스럽게 말리고 거두는 나날살이의 엄정한 삶이 있고 어머니에 대한 그리움이 있다. '허드레'와 같은 삶을 들어올리는 '도르래' 소리를 통해 시인은 가을 하늘 높이 그리움을 들어올린다. 그 간절한 그리움을 가능한 한 가장 절제된 말로 엮었다. 시처럼 깡마른 이 시인의 시들을 읽다 보면 절제란 것이 무엇을 배제하는 것이 아니라 넘치는 말들을 깎고 깎아서 깊게 품는 것임을 알게 된다.

수련(睡蓮)

심창만(1961~)

선정(禪定)은 조는 것
풀 끝에서 뿌리로
졸음을 밟고 내려가는 것
내려가 맨발로 진흙을 밟는 것
발바닥부터 정수리까지
차지게 뭉개내는 것
물비린내 나도록
발자국을 지우는 것
지운 얼굴 위로 물을 채우는 것
물방개처럼 허우적대지 않고
구름의 실뿌리를 놓아주는 것
오후 두 시에도 순례자를 맞는 것
그의 빈 꽃받침 위에 잠시 머무는 것
그의 친구의 꽃받침 위에도 나누어 머무는 것
이런 날은 늦게까지 하루를 놓아주는 것

그러나 잊지 않는 것

물마당을 쓸어놓고 어둠을 맞는 일
밤 깊은 실뿌리로부터 다시 밟는 일
정수리가 환하도록
밤새 진흙을 밟는 일
진흙을 밟고
아침 풀 끝에 올라앉는 일

마음 둘 곳 없을 때 호흡을 가지런히 하고 하나의 사물에 집중한다. 별이든, 연필이든, 창가에 붐비는 먼지든. 아니면 사무실 책상 위에서 말라 비틀어져가고 있는 탱자든. 돋보기에 햇빛을 끌어 모아 종이를 태우는 놀이에 열중하던 어린 날처럼 흐트러짐 없이 한동안 잠자코 마음을 모으고 있으면 사물과 나 사이에 화락 불꽃이 이는 걸 경험할 수 있다. 그게 마음 수련이다. 마음에 수련 꽃송이를 매다는 일이다. 이런 방심의 시간은 조일 대로 조여진 하루를 모처럼 슬쩍 놓아줌으로써 오히려 자신이 뿌리내린 연못 바닥의 진흙을 들여다보는 힘이 된다. 풀 끝에서 실뿌리까지 환하게 깨어 있을 줄 아는 수련 위에 앉아 코끝에 걸린 숨을 바라본다. 숨을 따라 발바닥부터 정수리까지 오르내려 본다. "물마당을 쓸어놓고 어둠을 맞"듯 맞아들인 졸음이 잘 우려낸 찻물처럼 맑다.

소를 웃긴 꽃

윤희상(1961~)

나주 들판에서
정말 소가 웃더라니까
꽃이 소를 웃긴 것이지
풀을 뜯는
소의 발밑에서
마침 꽃이 핀 거야
소는 간지러웠던 것이지
그것만이 아니라
피는 꽃이 소를 살짝 들어 올린 거야
그래서,
소가 꽃 위에 잠시 뜬 셈이지
하마터면,
소가 중심을 잃고
쓰러질 뻔한 것이지

꽃에게 천하장사 타이틀을 바쳐야겠다. 쪼그마한 들꽃이 감히 백두급의 실한 소를 번쩍 들어 올리다니! 이 기적 같은 엉뚱한 사태는 무지막지한 힘의 논리가 아닌 연약한 꽃의 간질밥으로부터 온다. 또한 짓밟으면 그만일 꽃을 감상할 줄 아는 소의 지순한 덩치로부터 온다. 길을 가다 나도 땅에 바짝 붙어서 핀 꽃 앞에서 살짝 발을 들어 올린 적이 있다. 그때 발목을 접질리지 않으려 기우뚱하면서 중심을 잡기 위해 양팔을 들어 올렸을 것이다. 멀리서 소가 보았다면 아마 저이가 춤을 추는구나 하지 않았을까. 하여간 소가 웃을 일들이 좀 더 많아야겠다.

찬란

이병률(1967~)

겨우내 아무 일 없던 화분에서 잎이 나니 찬란하다
흙이 감정을 참지 못하니 찬란하다

감자에서 난 싹을 화분에 옮겨 심으며
손끝에서 종이 넘기는 소리를 듣는 것도
오래도록 내 뼈에 방들이 우는 소리 재우는 일도 찬란이다

살고자 하는 일이 찬란이었으므로
의자에 먼지 앉는 일은 더 찬란이리
찬란하지 않으면 모두 뒤처지고
광장에서 멀어지리

지난밤 남쪽의 바다를 생각하던 중에
등을 켜려다 전구가 나갔고
검푸른 어둠이 굽이쳤으나
생각만으로 겨울을 불렀으니 찬란이다

실로 이기고 지는 깐깐한 생명들이 뿌리까지 피곤한 것도
햇빛의 가랑이 사이로 북회귀선과 남회귀선이 만나는 것도
무시무시한 찬란이다

찬란이 아니면 다 그만이다
죽음 앞에서 모든 목숨은
찬란의 끝에서 걸쇠를 건져 올려 마음에 걸 것이니

지금껏으로도 많이 살았다 싶은 것은 찬란을 배웠기 때문
그러고도 겨울 일 년을 조금 넘게 살았다는 기분이
다 찬란이다

회복기의 환자는 죽음이라는 망각의 강으로부터 돌아왔기에 지극히 사소한 장면들까지 어린아이의 시선으로 감탄할 줄 안다. 보들레르는 이것이 영원한 유년을 살고자 하는 예술가의 정신이라고 했다. 꽉 찬 이 충만감 속에서 우리는 아픔마저 눈부시게 한다.

숲

이영광(1965~)

　나무들은 굳세게 껴안았는데도 사이가 떴다 뿌리가 바위를 움켜 조이듯 가지들이 허공을 잡고 불꽃을 튕기기 때문이다 허공이 가지들의 氣습보다 더 단단하기 때문이다 껴안는다는 것은 이런 것이다 무른 것으로 강한 것을 전심전력 파고든다는 뜻이다 그렇지 않다면 나무들의 손아귀가 천 갈래 만 갈래로 찢어졌을 리가 없다 껴안는다는 것은 또 이런 것이다 가여운 것이 크고 쓸쓸한 어둠을 정신없이 어루만져 다 잊어버린다는 뜻이다 그런데도 이글거리는 포옹 사이로 한 부르튼 사나이를 有心히 지나가게 한다는 뜻이다 필경은 나무와 허공과 한 사나이를, 딱따구리와 저녁 바람과 솔방울들을 온통 지나가게 한다는 뜻이다 구멍 숭숭 난 숲은 숲字로 섰다 숲의 단단한 골다공증을 보라 껴안는다는 것은 이렇게 전부를 다 통과시켜주고도 제자리에, 고요히 나타난다는 뜻이다

　숲은 전신이 숨구멍이다. 멀리서 보면 빽빽하게 붙어 있는 것 같아도 가까이 가보면 무수한 틈들이 있다. 갯벌에 콩게들이 뚫어 놓은 구멍들처럼 살아 숨 쉬는 이 틈들 속으로 바람과 새가 들고 난다. 좋은 관계란 '굳세게' 서로를 끌어안으면서도 그 사이에 얼마쯤 간격을 둘 줄 아는 태도에서 나온다. 그것이 포옹이다. 나와 너 사이에 여백을 두어 새로운 관계들을 껴안아 보는 것. 그러한 관계와 관계들이 모여 맺힌 데 없이 두루두루 숨이 잘 통하도록 하는 것. 우리 말 '숲' 자는 형상이 사원의 모습을 닮았다. 위로 솟은 지붕(ㅅ)과 단단한 주춧돌(ㅍ)같은 자음, 그리고 절 마당처럼 개운한 모음(ㅜ)의 연결! 이 숲에 성자들이 산다. 세상의 어둠을 위무하기 위해 '천 갈래 만 갈래 찢어'지는 아픔과 '골다공증'을 기꺼이 감수하며 선정에 든 나무들, 그 불꽃 튕기는 푸름이 선승의 '할'이다. 이 고요한 기합 소리가 쟁쟁하게 세상을 물들인다.

물소리를 꿈꾸다

이정록(1964~)

번데기로 살 수 있다면
버드나무 껍질에 세 들고 싶다
한겨울에도, 뿌리 끝에서 우듬지 끝까지
줄기차게 오르내리는 물소리
고치의 올 올을 아쟁처럼 켜고
나는 그 소리를 숨차게 쟁이며
분꽃 씨처럼 늙어갈 것이다
고치 속이, 눈부신 하늘인양
맘껏 날아다니다 멍이 드는 날갯죽지
세찬 바람에 가지를 휘몰아
제 몸을 후려치는 그의 종아리에서
겨울을 나고 싶다, 얼음장 밑 송사리들
버드나무의 실뿌리를 젖인 듯 머금고
그 때마다 결이 환해지는 버드나무
찰찰, 물소리로 울 수 있다면
날개를 달아도 되나요? 슬몃 투정도 부리며

버드나무와 한 살림을 차리고 싶다
물오른 수컷이 되고 싶다

지인이 들고 온 나무토막 하나를 몇 개월째 책상 위에 얹어놓고 무료할 때마다 들여다보고 있는 중이다. 껍질이 벗겨진 나무토막엔 방사형으로 뻗어간 주름 무늬가 있는데, 속살을 파고든 이 주름 한가운데엔 뻗어나간 주름보다 조금 더 깊게 팬 골이 있다. 지인은 이 골이 바로 딱정벌레나 노린재 같은 곤충들이 월동을 한 흔적이라고 했다. 그렇다면, 주름은 무엇일까? 곤충이 나무를 갉아먹은 흔적? 곤충이 낳은 알들이 부화한 뒤 기어간 흔적? 아무려나, 번데기 주름 같은 이 주름 무늬를 생각하는 것만으로도 내 머릿속엔 아쟁의 현과도 같은 음들이 태어난다. "한겨울에도, 뿌리 끝에서 우듬지 끝까지/줄기차게 오르내리는 물소리", 혼자 월동하는 것도 힘든데 세든 곤충들을 위해 버드나무가 불러주는 자장가가 그 곡조다. 유모가 된 나무의 자장가는 얼음장 아래 송사리가 실뿌리를 무는 것만으로도 환해지는 결을 갖고 있다. 이 부드러운 결이 겨우내 갈 곳 없는 곤충들을 품어주는 힘이 된다. 실뿌리를 쭉 빨면 우듬지 끝까지 찌르르 젖이 돌 것 같은 나무속에서 누군들 일가를 꾸리고 싶지 않을까. 속살을 파먹힌 나무토막을 보니, 성충이 된 곤충의 몸을 빌려 하늘을 날아다닐 나무가 생각난다.

고요

이종문(1958~)

붉은

고추를 먹은

잠자리 한 마리가

억 년 고인돌에 슬그머니 앉는 찰나

바위가 우지끈, 하고

부서질 듯

환한,

고요

　시형을 따라 선을 그어 보니 잠자리가 날개를 펼친 모양이다. '찰나'를 향해 길게 흘러내린 중장이 몸통이라면, 단어와 구로 짧게 끊어낸 초장과 중장은 날개다. 그 사이의 여백이 날개와 몸통 사이를 잇는 모세혈관 같은 것일 테다. 여백을 따라 망사 무늬 날개가 가늘게 떨고 있는 것 같기도 하다. 이처럼 정밀하게 교직한 고추잠자리를 '붉은 고추를 먹은'이라 능청맞게 풀어 쓴 것도 흥미롭고, 바위의 무거움과 잠자리의 가벼움을 대조하기 위해 살짝 끼워 넣은 부사 '슬그머니'도 여간 아닌 솜씨다. 잠자리의 '슬그머니'와 바위의 '우지끈'은 또 얼마나 유쾌한 대조인가. 생기로 가득 찬 잠자리의 찰나와 억 년 고인돌의 무한한 시간이 교감하면서 아무렇지도 않게 지나칠 수 있는 풍경에 천둥 번개 치는 소리가 난다. 그 소리를 듣기 위해서 우리는 또 얼마나 깊은 고요를 안으로 불러들여야 할 것인가.

피리

전봉건(1928~1988)

대나무
잎사귀가
칼질한다.

해가 지도록 칼질한다
달이 지도록 칼질한다
날마다 낮이 다하도록 칼질하고
밤마다 밤이 다 새도록 칼질하다가
십 년 이십 년 백 년 칼질하다가
대나무는 죽는다.

그렇다 대나무가 죽은 뒤
이 세상의 가장 마르고 주름진 손 하나가 와서
죽은 대나무의 뼈 단단하고 시퍼런
두 뼘만큼을 들고
바람 속을 간다.

그렇다 그 뒤
물빛보다 맑은 피리소리가 땅끝에 선다
곧 바로 선다.

> **대**나무는 금욕주의자다. 절제에 관한 한 그를 따라올 자는 없다. 피골이 상접해서 단단한 뼈만 남은 대나무. 그는 적어도 자신의 꽃을 함부로 팔아먹지는 않는다. 세상의 모든 꽃들이 다투어 피어날 때, 개화의 욕망을 꾸욱 눌러 참고 먼저 자신의 안을 텅텅 비워내는 연습을 한다. 대꽃은 백 년이 지나서야 핀다고 한다. 대개는 육십 년에 한 번씩 피는데, 그때를 넘기면 다시 육십 년이 지나서야 피어난다고 한다. 식물학자들은 그저 생명의 신비라고만 이야기한다는데, 시인은 거기에서 상상력을 풀어내고 있다. 단식 참선에 든 수도승처럼 일평생 자신의 욕망에 칼을 들이댔던 대나무는 그의 삶처럼 '가장 마르고 주름진 손'을 만나 피리가 된다. 칼을 음악으로 바꾸는 죽음이야말로 적멸이라고 할 수 있을 것이다. 이미 죽어 꺾였으나 '물빛보다 맑은 피리소리'로 직립하는 존재, 대나무가 보여주는 입망(立亡)의 경지가 이렇게 아득하다.

장수산 1

정지용(1902~1950)

　벌목정정(伐木丁丁) 이랬거니 아람도리 큰 솔이 베어짐직도 하이 골이 울어 메아리 소리 쩌르렁 돌아옴직도 하이 다람쥐도 좇지 않고 묏새도 울지 않어 깊은 산 고요가 차라리 뼈를 저리우는데 눈과 밤이 종이보담 희고녀! 달도 보름을 기다려 흰 뜻은 한밤 이 골을 걸음이란다? 웃절 중이 여섯 판에 여섯 번 지고 웃고 올라 간 뒤 조찰히 늙은 사나이의 남긴 내음새를 줍는다? 시름은 바람도 일지 않는 고요에 심히 흔들리우노니 오오 견디련다 차고 올연(兀然)히 슬픔도 꿈도 없이 장수산 속 겨울 한밤내-

겨울을 나는 나무의 몸속엔 얼음물이 있다. 살 속에 얼음이 박혀 있으니 얼마나 고통스러울까 싶지만, 이 얼음물은 다른 세포가 동사하지 않도록 보온 역할을 한다고 한다. 봄이 오면 몸속의 얼음을 녹여 온몸의 어혈을 풀어준다고 하니 모든 신록은 얼마쯤 얼음의 신세를 지고 있는 셈이다. 얼음을 품어 얼음의 시간을 견딘다는 역설이 슬픔도 꿈도 없이 견딜 수 없는 한 시대를 올연하게 한다. 쩌르렁 메아리 소리가 뼛속까지 파고드는 겨울산의 일이다.

절간 청개구리

조오현(1932~)

　어느 날 아침 게으른 세수를 하고 대야의 물을 버리기 위해 담장가로 갔더니 때마침 풀섶에 앉았던 청개구리 한 마리가 화들짝 놀라 담장 높이만큼이나 폴짝 뛰어오르더니 거기 담쟁이 넝쿨에 살푼 앉는가 했더니 어느 사이 미끄러지듯 잎 뒤에 바짝 엎드려 숨을 할딱거리는 것을 보고 그놈 참 신기하다 참 신기하다 감탄을 연거푸 했지만 그놈 청개구리를 제(題)하여 시조 한 수를 지어 보려고 며칠을 끙끙거렸지만 끝내 짓지 못하였습니다. 그놈 청개구리 한 마리의 삶을 이 세상 그 어떤 언어로도 몇 겁(劫)을 두고 찬미할지라도 다 찬미할 수 없음을 어렴풋이나마 느꼈습니다.

청개구리가 놀라 폴짝 뛰어오른 담장이 시인에게도 있다. 청개구리와 시조 사이의 담장. 절간 안과 절간 밖 사이의 담장. 넘을 수 없는 그 담장이 절망을 부른다. 하지만 절망이 있기에 새로운 꿈이 탄생한다. 끙끙대던 시조 형식을 버리면서 청개구리 할딱이는 숨소리가 바짝 다가왔다. 다 찬미할 수 없는 것이 있기에 청개구리처럼 화들짝 도약하는 말. 담장 안과 밖이 모두 청개구리빛으로 푸르다.

직소포에 들다

천양희(1940~)

폭포소리가 산을 깨운다 산꿩이 놀라 뛰어오르고 솔방울이 툭, 떨어진다 다람쥐가 꼬리를 쳐드는데 오솔길이 몰래 환해진다.

와! 귀에 익은 명창의 판소리 완창이로구나.

관음산 정상이 바로 눈앞인데
이곳이 정상이라는 생각이 든다
피안이 이렇게 가깝다
백색 淨土! 나는 늘 꿈꾸어왔다

무소유로 날아간 무소새들
직소포의 하얀 물방울들, 환한 水宮을.

폭포소리가 계곡을 일으킨다. 천둥소리 같은 우레 같은 기립 박수소리 같은-바위들이 몰래 흔들 한다

하늘이 바로 눈앞인데
이곳이 무한천공이란 생각이 든다
여기 와서 보니
피안이 이렇게 좋다

나는 다시 배운다

絶唱의 한 대목, 그의 완창을.

> **임**방울이나 이날치가 능히 시샘을 낼 만한 소리꾼의 성량도 성량이지만 '다람쥐가 꼬리를 쳐드는데 오솔길이 몰래 환해진다'고 한 귀명창의 감상 역시 한 진경을 이루었다 하겠다. '깨우다, 뛰어오르다, 떨어지다. 쳐들다, 일으키다' 같은 활달한 동사가 쏟아져 내리는 폭포의 생동감을 한껏 드높이면서 요지부동 꿍 하니 눌러앉은 바위처럼 묵직한 시름을 가볍게 움직이는 힘이 되고 있다. 바위처럼 나도 '흔들', 한다. 누가 말했던가. 사랑은 명사가 아니라 동사라고.

제대로 된 혁명

D.H. 로렌스(1885~1930)

혁명을 하려면 웃고 즐기며 하라
소름 끼치도록 심각하게는 하지 마라
너무 진지하게도 하지 마라
그저 재미로 하라

사람들을 미워하기 때문에는 혁명에 가담하지 마라
그저 원수들의 눈에 침이라도 한번 뱉기 위해서 하라

돈을 좇는 혁명은 하지 말고
돈을 깡그리 비웃는 혁명을 하라

획일을 추구하는 혁명은 하지 마라
혁명은 우리의 산술적 평균을 깨는 결단이어야 한다
사과 실린 수레를 뒤집고 사과가 어느 방향으로
굴러가는가를 보는 짓이란 얼마나 가소로운가?

노동자 계급을 위한 혁명도 하지 마라
우리 모두가 자력으로 괜찮은 귀족이 되는 그런 혁명을 하라
즐겁게 도망치는 당나귀들처럼 뒷발질이나 한번 하라

어쨌든 세계 노동자들을 위한 혁명은 하지 마라
노동은 이제껏 우리가 너무 많이 해온 것이 아닌가?
우리 노동을 폐지하자, 우리 일하는 것에 종지부를 찍자!
일은 재미일 수 있다, 그리하여 사람들은 일을 즐길 수 있다
그러면 일은 노동이 아니다
우리 노동을 그렇게 하자! 우리 재미를 위한 혁명을 하자!

시 속의 당나귀를 혁명가로 모시자. 적어도 당나귀는 돈과 획일을 좇거나, 스스로 어떤 계급을 위해 희생을 하고 있다는 식의 거룩한 포즈에 취해 있지는 않으니까. 사과 수레를 뒤집고 달아나는 당나귀의 저 힘찬 뒷발질을 배워두기로 하자. 즐겁고 행복해야 할 삶이 허깨비 같은 관념들에 짓눌리지 않도록.

목장

로버트 프로스트(1874~1963)

샘 치러 나가볼까 합니다
그저 물 위의 나뭇잎이나 건져내려고요.
(물이 맑아지는 걸 지켜볼는지도 모르겠어요)

오래 안 걸릴 거예요. 같이 가시지요.

엄마 소 옆에 있는
어린 송아지를 데리러 가려고 해요.
너무 어려서
엄마 소가 핥으면 비틀거리지요.
오래 안 걸릴 거예요. 같이 가시지요.

로버트 프로스트 씨의 목장에서 온 농촌체험 초대장이다. 잔뜩 기대를 갖고 프로그램을 펼쳐보았는데 다소 실망스럽다. 고구마 캐기나 갯벌체험 행사들처럼 뭔가 신나는 일이 기다리고 있으리라 기대했는데, "그저 물 위의 나뭇잎이나 건져내"는 샘 청소와 송아지 데리러 가기가 다다. 그러나 실망은 이르다. 천성이 소박한 시인의 품성대로 이 검박한 초대장은 사소함에 대한 열정이 사랑을 불러옴을 요란스럽지 않게 들려준다. 샘을 치는 일은 사실, 마음을 정갈하게 하는 행위와 같다. 나뭇잎을 건져내는 사소한 행위에 집중함으로써 샘물과 내 마음의 물결이 겹쳐진다. 겹쳐질 때 일어나는 파문, 그 파문을 양팔을 벌려 품은 샘물이 바로 괄호다. 샘물의 눈에 들어온 송아지는 어떤가. "엄마 소가 핥으면 비틀거리"는 어린 송아지는 세상의 모든 자극에 온몸으로 반응할 줄 아는 각질 없는 마음을 가리킨다. 그런 송아지에겐 등을 빗질하며 지나가는 바람과 들판을 어루만지며 가는 구름 그림자, 그리고 자신을 쓰다듬는 시인의 다감한 눈길이 모두 어미의 혀와 같을 것이다. 그러니 샘에 앉은 나뭇잎 하나 건져내는 일을 누가 사소하다고 할 수 있을 것인가. 사소하다면 그것은 우주적인 사소함이다.

제4부
쥐꼬리에 대한 경배

빨래 너는 여자

강은교(1945~)

　햇빛이 '바리움'처럼 쏟아지는 한낮, 한 여자가 빨래를 널고 있다, 그 여자는 위험스레 지붕 끝을 걷고 있다, 런닝 셔츠를 탁탁 털어 허공에 쓰윽 문대기도 한다, 여기서 보니 허공과 그 여자는 무척 가까워 보인다, 그 여자의 일생이 달려와 거기 담요 옆에 펄럭인다, 그 여자가 웃는다, 그 여자의 웃음이 허공을 건너 햇빛을 건너 빨래통에 담겨 있는 우리의 살에 스며든다, 어물거리는 바람, 어물거리는 구름들,

　그 여자는 이제 아기 원피스를 넌다, 무용수처럼 발끝을 곤추세워 서서 허공에 탁탁 털어 빨랫줄에 건다, 아기의 울음소리가 멀리서 들려온다, 그 여자의 무용은 끝났다, 그 여자는 뛰어간다. 구름을 들고,

바리움은 신경안정제다. 이 약을 평생 동안 복용하면서 살아야 하는 사람들이 있다. 젊은 시절 큰 수술을 경험했던 시인도 바리움을 먹는다. 언젠가 지금도 그 약 드세요? 하고 물었더니 특유의 수줍은 미소로 고개를 끄덕이던 시인이 생각난다. 그 고통을 누가 감히 짐작이나 하겠는가. 시인은 그런 아픔 속에서 노동과 무용, 지상과 허공이 근접하는 경이로운 풍경을 보여준다. 잦은 쉼표들이 그 즐거움을 말하고, 무뚝뚝한 마침표들이 그 침통한 종료를 보여준다. 그래도 괜찮다. 여자의 무용은 끝났지만, 여자는 구름을 들고 있으니까. 구름을 널어 말리기 위해 여자는 다시 지붕 끝의 불안을 무대 삼아 도약할 테니까.

이슬비 이용법

강형철(1955~)

남대문시장 쌓여진 택배 물건 사이
일회용 면도기로 영감님 면도를 하네
비누도 없이 이슬비 맞으며

잇몸 쪽에 힘을 주며
얼굴에 길을 만드네
오토바이 백미러가 환해지도록

리어카의 물건들
비 젖어 기다리네
영감님 꽃미남 될 때까지

가로수는 누가 볼까 팔을 벌리고
사람들은 우산 쓰고 찰박찰박 걸어가는데
불탄 남대문 오랜만에 크게 웃고

재래시장에 비가 내리면 을씨년스럽다. 비설거지를 하는 상인들의 표정도 흐리고, 그런 상인들을 보며 지나치는 행인들도 우울하긴 마찬가지. 그런데 이 낙천적인 노인을 보라. 일당 노동자로 보이는 노인은 오늘 장사 망쳤다고 하늘을 원망하는 대신 이슬비 거품으로 면도를 하고 있다. 비누도 없이 하는 면도라 상처가 나지 않을까 조마조마한데 더 잘 보이라고 오토바이 백미러가 환해지고, 이왕 젖었으니 어쩌겠느냐며 리어카의 물건들도 말없이 기다리고 있다. 고된 노역에 지친 영감님을 꽃미남으로 만든 이슬비이니 불타버린 남대문이라고 어찌 웃지 않을까. 이슬비에 까만 그을음이 조금은 씻겨나갔겠다.

상한 영혼을 위하여

고정희(1948~1991)

상한 갈대라도 하늘 아래선
한 계절 넉넉히 흔들리거니
뿌리 깊으면야
밑동 잘리어도 새순은 돋거니
충분히 흔들리자 상한 영혼이여
충분히 흔들리며 고통에게로 가자

뿌리 없이 흔들리는 부평초 잎이라도
물 고이면 꽃은 피거니
이 세상 어디서나 개울은 흐르고
이 세상 어디서나 등불은 켜지듯
가자 고통이여 살 맞대고 가자
외롭기로 작정하면 어딘들 못 가랴
가기로 목숨 걸면 지는 해가 문제랴

고통과 설움의 땅 훨훨 지나서

뿌리 깊은 벌판에 서자
두 팔로 막아도 바람은 불 듯
영원한 눈물이란 없느니라
영원한 비탄이란 없느니라

캄캄한 밤이라도 하늘 아래선
마주잡을 손 하나 오고 있거니

고독과 소멸은 어차피 지상의 조건, "가자 고통이여 살 맞대고 가자", 고통을 벗 삼아 간다면 가지 못할 곳이 없다. 상처에 등불을 켜는 이 건강한 낙천주의는 '뿌리 깊은 벌판'과 '마주 잡을 손 하나'에 대한 믿음으로부터 오는 것이다. 이 믿음이 갈대를 충분히 흔들리게 하고, 부평초를 꽃 피우게 한다. 막막한 한 시절 누군가 울고 있다. '마주 잡을 손 하나'를 애타게 기다리며 흔들리고 있다. 비탄에 젖어 서걱이는 그 뿌리를 온 벌판이, 아니 온 대지가 꼭 붙든 채 놓지 않고 있다.

첫눈

김진경(1953~)

길바닥에까지 전을 벌여놓은
마포 돼지껍데기집
빨갛게 달아오른 연탄 화덕을 끼고 앉아
눈을 맞는다
어허 눈이 오네
머리칼 위에 희끗희끗 눈을 얹은 윤가가 큰 눈을 뜬다
대장간에 말굽 갈아 끼러 왔다가
눈을 만난 짐말들처럼
술청 안의 사내들이 술렁댄다
푸르륵 푸르륵 김을 뿜어대기도 하고
갈기 위에 얹힌 눈을 털어내기도 하고
나는 화덕에 쇠를 달구는 대장장이처럼
묵묵히 화덕에 고기를 얹어 굽는다
길가의 플라타너스가 쇠의 녹슨 혓바닥처럼
남아 있던 나뭇잎을 떨어뜨린다
풀무질을 세게 해서 저것들을 달구어야겠다

말랑말랑해진 혓바닥을 두드려 쇠발굽을 만들어야겠다
저 갈기 푸른 말들에 새 발굽을 달아주어야겠다
오늘 밤 눈 쌓인 재를 넘어 다음 장으로 가기도 하고
딸랑딸랑 말방울을 울리며 사랑하는 이의 집 앞에 멈춰 서기도 하리라
붉게 단 쇠말굽을 물에 담금질할 때처럼
연탄 화덕에서 푸르게 연기가 솟는다

남루하고 허름한 술청이다. 여기에 모인 중년의 사내들이 돼지껍데기를 굽는다. 사내들도 돼지처럼 속 다 내어주고 껍질만 남은 것 같다. 이 초라한 술청이 갑자기 "어허 눈이 오네"라는 반가운 소리와 함께 순식간에 화덕에서 푸른 연기가 솟는 대장간으로 바뀐다. 짐말이 된 사내들의 술렁임을 새 발굽을 달고 푸른 갈기 휘날리는 생의 활력으로 잇고 싶은 게 시인의 눈이다. 내리는 눈을 맞으며 화덕 위의 불이 타오른다. 눈과 불을 만나게 하는 시인의 힘찬 풀무질이 그 어떤 '말랑말랑한 혓바닥'보다 더 싱싱하게 다가온다. 첫눈에 술잔을 기울인 뒤 눈 쌓인 재를 넘는 사나이들의 활달한 서정에 모처럼 크게 취한다.

춘방다방

노향림(1942~)

단양군 별방리엔 옛날다방이 있다.
함석지붕보다 높이 걸린 춘방다방 낡은 간판
춘방이란 나이 70을 바라본다는 늙은 누이 같은 마담
향기 없이 봄꽃 지듯 깊게 주름 팬 얼굴에서
그래도 진홍 립스틱이 돋보인다.
단강에 뿌옇게 물안개 핀 날 강을 건너지 못한
떠돌이 장돌뱅이들이나 길모퉁이 복덕방 김씨
지팡이 짚고 허리 꼬부라진 동네노인들만
계란 노른자위 띄운 모닝커피 한잔 시켜 놓고
종일 하릴없이 오종종 모여 앉아 있다.
한참 신나게 떠들다가 오가는 사소한 잡담들이
열정과 불꽃도 없이 슬그머니 꺼져
구석의 연탄재처럼 식어서 서걱거린다.
네 평의 홀엔 다탁도 네 개, 탁자 사이로
추억의 '빨간 구두 아가씨'가 아직도 흐르는 곳
행운목과 대만 벤자민이 큰 키로 서서

드나드는 사람들을 멍하니 지켜본다.
장부 없이 외상으로 긋고 가는 커피 값
시간도 외상으로 달아놓고 허드레 것처럼 쓴다.
판자문에 달린 딸랑종이 결재하듯 딸랑거릴 뿐
이 바닥에선 유일하게 한 자락 하는 춘방다방

허름한 다방 안이 아늑하다. 스타벅스 같은 세련된 전문점에선 느낄 수 없는 어떤 편안함이 있다. 춘방이라는 촌스러운 이름과 도드라진 진홍 립스틱은 흘러가는 시간을 견디는 기표들. 이런 다방에서 한나절쯤 빈둥거리다 오고 싶다. 단양팔경에 춘방다방 일경을 혼자서 더 해본다.

상처가 숲을 이루다

박성우(1971~)

매를 맞고 자란 나무가 있다
부지깽이도 파리채도 아닌 떡메로
작신작신 두들겨 맞으며
한 세월 건너온 나무가 있다
뒤통수가 얼얼할 때까지
눈알이 쏙 빠질 때까지
흠씬 두들겨 맞던 시절 건너온

상수리나무가 있다
전주 완산골 처마 맞은 한옥마을,
야트막한 오목대 산기슭에 오르면 밑동에
떡메 자국 선명한 상수리나무를 만날 수 있다
고픈 배 움켜쥐고 건너온 가까운 옛날,

떡메에 떨어진 상수리나무로 묵을 쑤어
거른 끼니를 겨우겨우 넘길 수 있었다 한다

몸에 덕지덕지 들어앉은 딱지가 여태 붙어 있는

밑동 굵은 상수리나무가 울울창창한 그곳은
나라를 절뚝이게 하려고 왜놈들이
치명자산의 혈을 철길로 끊어놓은 시린 산자락이기도 하다

> **마**을 가까운 나무들은 대개 상처가 많다. 높고 깊은 산중으로 들어가서 숨어 살면 사람들 손을 타는 성가신 일들이야 쉬 면할 수 있으련만 굳이 야트막한 산기슭에 내려와 이웃해서 살다보니 몸 성한 데가 없는 것이다. 시 속의 상수리나무도 가난한 마을 사람들에게 시달리다보니 온몸이 상처투성이다. 이 상처를 통해 사람들은 주린 배를 달랠 수 있었다. 그래서 메는 메로되 찰진 '떡메'다. 지금도 몸에 들러붙은 딱지가 그대로 남아 있는 상수리나무는 이 땅의 어두운 역사까지 쓰다듬고 달래는 숲이 되었다. 나도 한 여자를 잊지 못하고 나무 수피에 그녀의 이름을 파 넣으며 아픔을 견딘 적이 있거니와, 모든 사랑은 이렇게 제 안을 파고든 상처를 품고 푸르다. 그러니 내게 날아오는 메를 어떻게 '떡메'로 만들 것인가. '창상(創傷)'이란 말에서 알 수 있듯 상처와 창조는 본디 한 뿌리이므로.

함흥집

박영근(1958~2006)

담뱃집도 술점방도 문을 닫은 어두운 실골목
찬바람 속에 조등이 환하다

밀리고 밀려, 간신히 살아남은 바람받이
저마다 층층이 언 몸뚱이를 올리고 구공탄더미가 탄다

불꽃 속으로 미루어진 철거날짜가 타닥타닥 튀어오르고
술애비 상주는 이제 집 나간 아내를 찾지 않는다

조등 주변엔 함흥집 고향 사투리 같은 눈발이 붐비는데
눈길을 따라 발자국 하나 아무도 몰래 골목을 빠져나간다

눈이 한 번 더 마을을 덮고 지나가면 다 잊혀질 일이다

실처럼 골목이 가느니 처마 낮은 지붕과 지붕이 서로 이마를 맞대고 있었겠다. 언 몸뚱이를 포개고 타오르는 구공탄더미처럼 입성 헐한 바람벽과 바람벽이 체온을 나누듯 바짝 붙어서 있었겠다. 그래도 찬바람은 가시질 않는다. 사내가 '술애비'가 될 수밖에 없었던 사연들만 늘어날 뿐이다. '실골목, 술애비', 행간마다 넘치는 슬픔이 말수를 줄였다. 이렇게 간신히 고른 말들만으로도 철거를 앞둔 어느 허름한 골목길과 조등을 지키는 사내의 굴곡 많은 일생이 떠오른다. 다 잊혀질 일을 잊지 못하고 소주잔을 기울이던 피맛골 함흥집도 이제는 사라지고 말았다.

月暈

박용래(1925~1980)

  첩첩 山中(산중)에도 없는 마을이 여긴 있습니다. 잎 진 사잇길 저 모래뚝, 그 너머 江(강)기슭에서도 보이진 않습니다. 허방다리 들어내면 보이는 마을.
  갱 속 같은 마을. 꼴깍, 해가, 노루꼬리 해가 지면 집집마다 봉당에 불을 켜지요. 콩깍지, 콩깍지처럼 후미진 외딴집, 외딴집에도 불빛은 앉아 이슥토록 창문은 木瓜(목과) 빛입니다.
  기인 밤입니다. 외딴집 老人(노인)은 홀로 잠이 깨어 출출한 나머지 무를 깎기도 하고 고구마를 깎다, 문득 바람도 없는데 시나브로 풀려 풀려 내리는 짚단, 짚오라기의 설레임을 듣습니다. 귀를 모으고 듣지요. 후루룩 후루룩 처마깃에 나래 묻는 이름 모를 새, 새들의 溫氣(온기)를 생각합니다. 숨을 죽이고 생각하지요.
  참 오래오래, 老人(노인)의 자리맡에 밭은 기침 소리도 없을 양이면 벽 속에서 겨울 귀뚜라미는 울지요. 떼를 지어 웁니다, 벽이 무너지라고 웁니다.
  어느덧 밖에는 눈발이라도 치는지, 펄펄 함박눈이라도 흩날리는지, 창호지 문살에 돋는 月暈(월훈).

첩첩 산중에도 없는 마을은 마음의 등고선을 따라가야만 나오는 마을이다. 마음이 산과 계곡을 이룬 령에 침 넘어가듯 꼴깍, 해가 지면 그 해를 받아 집집이 불을 켜는 마을. 이슥토록 켜진 모과빛 등불도 따듯하고, 처마 깃을 파고든 새들의 겨울나기를 걱정하는 노인의 마음도 따듯하다. 새들이 놀라 달아나지 않도록 숨을 죽이고 귀를 모으는 노인처럼 나직나직 함박눈이 내리고 달그림자가 진다. 여기서 아무도 찾지 않는 산골의 고독은 찾아가야 할 아늑한 어떤 풍경으로 바뀐다. 참된 고독은 지푸라기같이 보잘 것 없는 것을 통해서도 나를 둘러싼 세계와 설레며 교감할 줄 아는 것. 그런데 동거해온 귀뚜라미만 유난스레 울고 있는 것은 무엇 때문인가. 벽이 무너져라 떼를 지어 통곡하는 것은 무엇 때문인가. 아무래도 마음의 지도를 밝혀주던 불이 한 등 까무룩 꺼져버렸나 보다. 아는지 모르는지 기침 소리도 나지 않는 지붕 위로 무심한 함박눈만 쌓인다.

쟁반탑

복효근(1962~)

탑이 춤추듯 걸어가네
5층탑이네
좁은 시장 골목을
배달 나가는 김씨 아줌마 머리에 얹혀
쟁반이 탑을 이루었네
아슬아슬 무너질 듯
양은 쟁반 옥개석 아래
사리합 같은 스텐 그릇엔 하얀 밥알이 사리로 담겨서
저 아니 석가탑이겠는가
다보탑이겠는가
한 층씩 헐어서 밥을 먹으면
밥먹은 시장 사람들 부처만 같아서
싸는 똥도 향그런
탑만 같겠네

통도사에 가면 보물 제471호 봉발탑이 있다. 부처님의 발우 모양을 상징적으로 표현한 석조물인데, 부처님 입멸 후에 오실 미륵부처에게 법을 전한다는 뜻이 담겨 있다고 한다. 밥그릇을 받들고 있는 봉발탑이 와글거리는 시장 한복판에 나타났다. 이름 하여 쟁반탑이다. 이 탑은 지상에서 가장 오래된 조형물 중의 하나로 통한다. 그리고 목탑이나 석탑 혹은 철탑 어디에도 속하지 않는 독특한 양식으로써 삶에 대한 강렬한 애착을 그 특징으로 한다. 또한 피사의 사탑처럼 아슬아슬하나 결코 무너져 내리는 법이 없다. 양은 쟁반 옥개석을 5층까지 차곡차곡 포개 얹고 붐비는 시장 골목을 걸어 다니는 탑 속의 사리는 쌀이다. 어떤 고승의 사리보다 더 빛나는 진신사리가 쌀이 아니던가. 하늘과 대지와 인간이 한 몸이 되어 남긴 사리 알. 고요한 산중에서 시정의 한복판으로 내려와 출출한 중생의 시장기를 달래주는 쟁반탑에 경배한다.

쥐꼬리에 대한 경배

성선경(1960~)

삶이란 쥐보다
쥐머리보다
쥐꼬리에 매달리는 것
쥐꼬리만 한 희망과
쥐꼬리만 한 햇살과
쥐꼬리만 한 기대에 매달리는 것
우리를 움직이는 건 신(神)이 아니라
우리를 움직이는 건 오로지 쥐꼬리
뻥튀기보다 얇은 쥐꼬리
뻥튀기보다 밥맛인 쥐꼬리
그 쥐꼬리에 매달리는 것
쥐꼬리 고까이 꺼
쥐꼬리쯤이야 그래도
쥐보다
쥐머리보다
쥐꼬리에 매달리는 것

우리의 삶은 늘
저 가늘고 긴 쥐꼬리에 경배하는 것

비루하고 남루한 게 쥐꼬리다. '쥐꼬리 고까이 꺼' 함부로 하찮게 여겨도 큰 죄가 되지 않는 게 쥐꼬리다. 하지만 꼬리가 없다면 머리도 없다. 너무 뻥튀기한 희망과 고담준론은 구체적인 일상을 소홀히 다루기 십상. 지나치게 거대한 진실은 실감이 잘 나지 않는 법이다. 오히려 쥐꼬리만 한 햇살이 볕을 더 간절하게 한다. 관용구 하나를 뒤집었는데 이토록 유쾌한 시가 되었다. 쥐꼬리만 한 월급봉투를 위해 수챗구멍을 불안한 눈망울로 두리번거리던 쥐가 꼬리 끝으로 몰린 자존을 으쓱 들어 올려볼 만하지 않은가.

반뼘

손세실리아 (1963~)

무명 록 가수가 주인인
모 라이브 카페 구석진 자리엔
닿기만 해도 심하게 뒤뚱거려
술 쏟는 일 다반사인 원탁이 놓여 있다
기울기가 현저하게 차이지는 거기
누가 앉을까 싶지만
손님 없어 파리 날리는 날이나 월세날
은퇴한 록밴드 출신들 귀신같이 찾아와
아이코 어이쿠 술병 엎질러가며
작정하고 매상 올려준다는데
꿈의 반뼘을 상실한 이들이
발목 반뼘 잘려나간 짝다리 탁자에 앉아
서로를 부축해 온뼘을 이루는
기막힌 광경을 지켜보다가 문득
반뼘쯤 모자란 시를 써야겠다 생각한다
생의 의지를 반뼘쯤 놓아버린 누군가

행간으로 걸어 들어와 온뼘이 되는
그런

> **다**리나 절뚝거리고 함부로 술을 쏟는 저런 반편이 원탁을 품고 있으니 장사가 잘될 턱이 없다. 그래도 월세날이면 이 절뚝발이 원탁의 진가가 드러나니 '못난 놈들은 서로 얼굴만 봐도 흥겹다'고 했던가. 무명과 은퇴가 서로를 부축하고, 구석과 상처가 만나 서로를 위로하는 이 기막힌 라이브를 보라. 파고들 틈이 없는 온뼘보다 그늘을 이해하는 이런 반뼘들이 사무치는 시절에.

가슴에 묻은 김칫국물

손택수(1970~)

점심으로 라면을 먹다
모처럼 만에 입은
흰 와이셔츠
가슴팍에
김칫국물이 묻었다

난처하게 그걸 잠시
들여다보고 있노라니
평소에 소원하던 사람이
꾸벅, 인사를 하고 간다.

김칫국물을 보느라
숙인 고개를
인사로 알았던 모양

살다 보면 김칫국물이 다

가슴을 들여다보게 하는구나
오만하게 곧추선 머리를
푹 숙이게 하는구나

사람이 좀 허술해 보이면 어떠냐
가끔은 민망한 김칫국물 한두 방울쯤
가슴에 슬쩍 묻혀나 볼 일이다

실은 그때 입고 있던 옷은 '흰 와이셔츠'가 아니라 검정색 티셔츠였다. 검정색 티셔츠에 묻어 잘 드러나지 않는 김칫국물을 보다가 흰 와이셔츠로 바꾸는 순간 시가 줄줄 흘러나왔다. 예상치 못한 상황에서 한 소식 한 것 같은 포즈를 취하고 있는 이 시는 사실 타자와의 소통이 얼마나 힘든 것인가를 은근히 배면에 깔고 있다. 그래서 '묻혀도'나 '묻혀'라고 하지 않고 다소 자조적인 조사를 붙여 '묻혀나'라고 한 것이다. 오만한 머릿속의 먹물을 앞세워 뻣뻣해질 때마다 먼저 고개를 숙여 인사를 하게 했던 김칫국물을 생각해본다. 김칫국물 가라사대, 머리와 가슴은 좀 친근해질 필요가 있다.

여름날

신경림(1936~)

버스에 앉아 잠시 조는 사이
소나기 한줄기 지났나보다
차가 갑자기 분 물이 무서워
머뭇거리는 동구 앞
허연 허벅지를 내놓은 젊은 아낙
철벙대며 물을 건너고
산뜻하게 머리를 감은 버드나무가
비릿한 살냄새를 풍기고 있다

덜컹거리는 시골 버스 의자에 실린 엉덩이가 말 잔등에 실린 엉덩이처럼 길이 선물하는 리듬을 따라 기분 좋게 오르내리는 장면이 선연하게 떠오른다. 완행과 비포장길이 아니라면 좀처럼 만나기 힘든 풍경이다. '잠시 조는 사이'라고 눙치고 있지만 소나기를 만난 시인의 상상력은 물속에 들어갔다 나온 붓처럼 단숨에 화면에 싱싱한 물감 냄새를 뿜어내고 있다. 감히 분 물속으로 텀벙 뛰어들지 못하고 소심하게 안절부절 못하고 있는 버스에게 보란 듯이 허벅지를 내놓은 채 물을 건너는 젊은 아낙과 '마악' 목욕을 마치고 나온 버드나무의 눈부신 생기! 시는 일종의 여행이다. 여행이긴 하되 시는 관광책자에 나오는 명승지나 천연기념물만을 노래하지 않고 우리의 삶 속에서 진경을 찾아낸다. 맡아보라, 세상에 가득 찬 저 압도적인 삶의 살냄새들을.

동맥(動脈)

원무현(1963~)

벚나무와 벚나무 사이에 걸린 빨랫줄에
새들이 내려앉곤 했다
불면 날아갈 것 같은 손톱만 한 것들이
포릉포릉 뜀을 뛰면
따라서 뜀을 뛰던 파란 빨랫줄
그 빨랫줄을 잘라 풍경 끈을 삼은 적 있다

풍경소리 들려온다
깃털처럼 가벼웠지만
깃털처럼 가벼운 생명은 없었다는
빨랫줄의 말씀이 쟁쟁하다

지금은 사라지고 없는
그 집의 동맥이 잡힌다

벚나무 두 그루가 빨랫줄로 인해 현악기가 되었다. 이 악기의 줄은 비록 남루하지만 어떤 실내악으로도 닿을 수 없는 예민한 음역을 지니고 있다. '손톱만 한' 것들이 어찌 새뿐일까. 가녀리고 희미한 생의 기미들을 놓치지 않고 떨릴 줄 아는 감각이 경이롭다. 생은 낡은 빨랫줄 위에 올라와서 맥박 소리를 낸다. '지금은 사라지고 없는' 기척들까지 '포롱포롱' 도약을 시킨다. 그러니 시인아, 파란 빨랫줄을 당겨라. 수평선처럼 팽팽하게 양쪽 끝으로 힘껏 당겨주어라. 그 줄에 기저귀도 걸고, 낡은 작업복도 걸고, 눅눅한 이불도 널어 말리면서 솜씨 없는 악사일망정 나도 소슬한 풍경소리를 들으련다. 그 소리에 취한 벚꽃들, 장단을 맞추느라 몇 소쿠리씩 떨어져도 좋은 봄날.

자반고등어

유홍준(1962~)

얼마나 뒤집혔는지
눈알이 빠져 달아나고 없다
뱃속에 한 웅큼, 소금을 털어넣고
썩어빠진 송판 위에 누워 있다
방구석에 시체를 자빠뜨려놓고
죽은 지 오래된 생선 썩기 전에 팔러 나온
저 여자, 얼마나 뒤집혔는지
비늘, 다 벗겨지고 없다

바다를 기억하는 검푸른 눈알이 달아나고 없다. 파도 빛을 닮은 갈매빛의 등짝도 서글프게 변색이 되고 말았겠다. 썩은 송판 위에 누워 있으니 시체나 다름없다. 시체를 염습하듯 굵은 왕소금을 뿌려 염장한 고등어로부터 파란만장 곡절 많은 생의 굽이굽이가 흘러나온다. 도대체 얼마나 뒤집혔기에 비늘이 다 벗겨지고 말았을까. 파리가 알을 슬기 딱 좋은 이런 상한 생선을 누가 사갈까 싶지만 웬걸, 고등어는 부패 직전에 염장을 한 게 가장 고소하다고 한다. 함부로 연민을 드러내지 않고 시의 행간마다 짭조름하게 간을 쳐놓은 솜씨에 식욕이 동한다.

생은 아름다울지라도

윤재철(1953~)

달리는 고속버스 차창으로
곁에 함께 달리는 화물차
뒤칸에 실린 돼지들을 본다
서울 가는 길이 도축장 가는 길일 텐데
달리면서도 기를 쓰고 흘레하려는 놈을 본다

화물차는 이내 뒤처지고
한치 앞도 안 보이는 저 사랑이
아름다울 수 있을까 생각한다
아름답다면
마지막이라서 아름다울 것인가

문득 유태인들을 무수히 학살한
어느 독일 여자 수용소장이
종전이 된 후 사형을 며칠 앞두고
자신의 몸에서 터져 나오는 생리를 보며

생의 엄연함을 몸서리치게 느꼈다는 수기가 떠올랐다

생은 아름다울지라도
끊임없이 피 흘리는 꽃일 거라고 생각했다.

> **죽**음 앞에서 피어나는 꽃을 그저 아름답다고 얘기할 수 있을까. 생의 엄연함이 비장하게 다가오는 그 앞에서 편안한 자리에 앉아 창밖으로 포착한 아름다움은 어딘지 공허하게 다가온다. 그래도 만약 아름답다면, 그것은 '향기 나는 꽃'으로서가 아니라 '피 흘리는 꽃'으로서의 아름다움이다. 그리하여 유태인들과 같은 처지가 된 수용소장처럼 돼지를 바라보던 나도 입장을 바꿔 생각한다. 도축장이 저 앞인데 내게는 과연 어떤 몸서리쳐지는 생의 엄연함이 있는가.

거미

이면우(1951~)

오솔길 가운데 낯선 거미줄
아침 이슬 반짝하니 거기 있음을 알겠다
허리 굽혀 갔다, 되짚어 오다 고추잠자리
망에 걸려 파닥이는 걸 보았다
작은 삶 하나, 거미줄로 숲 전체를 흔들고 있다
함께 흔들리며 거미는 자신의 때를 엿보고 있다
순간 땀 식은 등 아프도록 시리다

그래, 내가 열아홉이라면 저 투명한 날개를
망에서 떼어 내 바람 속으로 되돌릴 수 있겠지
적어도 스물아홉, 서른아홉이라면 짐짓
몸 전체로 망을 밀고 가도 좋을 게다
그러나 나는 지금 마흔아홉
홀로 망을 짜던 거미의 마음을 엿볼 나이
지금 흔들리는 건 가을 거미의 외로움임을 안다
캄캄한 뱃속, 들끓는 열망을 바로 지금, 부신 햇살 속에

저토록 살아 꿈틀대는 걸로 바꿔 놓고자
밤을 지새운 거미, 필사의 그물짜기를 나는 안다
이제 곧 겨울이 잇대 올 것이다

이윽고 파닥거림 뜸해지고
그쯤에서 거미는 궁리를 마쳤던가
슬슬 잠자리 가까이 다가가기 시작했다
나는 허리 굽혀, 거미줄 아래 오솔길 따라
채 해결 안 된 사람의 일 속으로 걸어 들어갔다

거미줄에 걸린 잠자리를 동정하는 일도, 밤을 지새운 거미의 필사적인 그물짜기에 공감하는 일도 고통스럽기만 하다. 잠자리를 구출한다면 거미에게 죄를 짓게 될 것이고, 그대로 두면 잠자리가 죽어가는 걸 지켜보아야 하니 마음 한구석이 편치 않을 것이다. 어떤 결정도 할 수 없는 판단 정지의 상태. 흔들리는 건 숲 전체만이 아니라 시인을 포함한 우주 전체다. 허리를 굽혀 거미줄이 다치지 않도록 지나가는 건 '채 해결 안 된' 생명의 질서를 그 자체로 존중한다는 뜻일 게다. 잠자리나 거미처럼 살펴야 할 식솔들을 거느린 마흔아홉 사내의 외로움이 문득 눈부시다.

문화이발관

이시영(1949~)

대방동 구불구불 옛 골목길 문화이발관이 아직 거기 있네
흰 수건을 탁탁 빨아 새하얗게 걸어놓은 집
아침이면 물 뿌린 거기로 제일 먼저 따스한 햇살이 모이고
저녁이면 금성라디오가 잔잔히 흘러 나오던 곳
동네 처녀들 알전구 환한 불빛을 피해 숨어 다녔지
공군회관에선 한때 춤으로 날렸다나
얽은 얼굴이지만 백구두에 씩씩한 맘보바지, 바지런한 손
말할 때마다 거울 속에서 쫑긋쫑긋 웃는 선량한 귀
밤꽃 향기 아래 굵은 팔뚝이 자랑이던 우리들의 영웅
그 짙은 포마드 향기는 다 어디로 갔나
이제는 하얀 중늙은이가 되어
옛 철봉대 아래 그윽이 웃고 있네
문화이발관

퇴락한 이발소에서 은성했던 추억들을 불러오는 솜씨가 이발사의 가위질 소리처럼 정겹다. 솥 속에서 김이 나는 흰 수건을 집어 올려 걸어놓을 때 나는 소리, '탁탁'은 옛 골목길의 희미한 기억을 재빨리 새하얀 추억의 이미지로 옮겨놓는다. 금성라디오와 백구두와 맘보바지가 소도구로 등장하는 문화이발관은 지난 연대 삶의 이야기들이 모여들던 곳이다. 동네 처녀들이 피해 다니던 그 특별한 금녀의 구역에는 춤꾼으로 날린 우리들의 영웅이 있고, 라디오 소리에 주파수를 맞추듯 모여든 골목 사람들의 풍경이 있다. 이렇게 이제는 다 잊혀져버린 이야기들에 대한 추억을 통해 삶은 그나마 조금쯤 견딜 만한 것으로 바뀌는 것이 아닐까. 한때는 씩씩했던 맘보바지, 이제는 하얀 중늙은이가 되어버린 문화이발관은 그래서 마냥 쓸쓸하지만은 않다. 문화이발관, 그곳에 가면 잔디깎기 기계가 지나간 뒤의 잔디밭처럼 내 머리 위에서도 싱싱한 풀 비린내가 날 것 같다.

사라진 밍크이불

이진심(1949~)

그 시절, 어지간한 집엔
장롱마다 그 놈이 살고 있었다
반듯하게 펴려 해도
꼭 어딘가 한 군데는 주름져 있던
털이 여러 군데로 쏠려져
보는 방향에 따라 모습이 달랐던,
가을철에 장롱에서 기어 내려와
겨울 지나 봄까지
방바닥에서 온갖 게으름을 피우며
개어지는 법 없이
아랫목에서 윗목으로 또르르 또르르
몇 년이 지나도 빨지 않아
털이 송곳처럼 딱딱해지던 밍크이불,
말뿐인 밍크이불
한번 물을 먹으면 너무 무거워
빨랫줄에 걸 수 없었던 짐승,
장사하는 엄마 따라 시장에 나가

한겨울 사과를 덮다가 배추를 덮다가
털갈이를 끝내고
어디론가 사라져 버렸던 밍크이불,
너무 순해서 내 동생 같았던
진짜 밍크 같았던

겨울철 집에 들어오면 가장 먼저 찾던 게 밍크다. 연탄을 아끼기 위해 탄 구멍을 막아놓았음에도 불구하고 밍크는 항상 언 손과 언 발을 녹일 만큼의 온기를 품고 있었다. '방바닥에서 온갖 게으름을 피우며/개어지는 법'이 없던 밍크의 못 말리는 게으름을 우리는 얼마나 사랑했던가. 비록 인조털이었지만 부드럽고 아늑한 털을 둘둘 감고 있으면 몸도 마음도 한결 포근해지곤 하였다. 그 속에 어머니는 아버지의 밥그릇을 품었고, 누이들과 나는 크리스마스를 기다리며 그림일기 숙제를 했다. 먼지투성이 밍크의 목욕을 시킬 때는 너무 무거워 온 가족이 다 동원되어 연례행사를 치렀는데, 볕에 포슬포슬하게 마르는 밍크 털을 보고 있으면 온 집안이 다 개운해지는 듯했다. 살림살이가 좋아지면서 실외로 쫓겨난 밍크는 재래시장 같은 데서 겨우내 얼어붙을지도 모를 사과와 배추를 덮다가 어디론가 사라져버렸다. 말뿐인 밍크지만, 진짜 밍크 같았던, 그 순하고 착한 짐승들은 다 어디로 가버렸을까.

사직서 쓰는 아침

전윤호(1964~)

상기 본인은 일신상의 사정으로 인하여
이처럼 화창한 아침
사직코자 하오니
그간 볶아댄 정을 생각하여
재가해 주시기 바랍니다
머슴도 감정이 있어
걸핏하면 자해를 하고
산 채 잡혀 먹히기 싫은 심정으로
마지막엔 사직서를 쓰는 법
오늘 오후부터는
배가 고프더라도
내 맘대로 떠들고
가고픈 곳으로 가려 하오니
평소처럼
돌대가리 놈이라 생각하시고
뒤통수를 치진 말아주시기 바랍니다

사직서는 공자도 퇴계도 쓴다. 퇴계는 아예 호에 물러날 퇴(退)자를 붙여 관직에 있던 21년간 무려 53회에 걸쳐 사직원을 냈다. 공손한 어조 속에 칼을 감춘 시인의 사직서는 어쩐지 통쾌하다. 머슴살이와 뒤통수를 치는 비루한 세상에 대한 야유는 나 같은 소심한 사람의 가슴까지 다 후련하게 한다. 비애를 비트는 반어적 어조는 몇 날 며칠 구겼다 펴길 거듭했을 번민의 시간을 애써 가려준다. 그러나 그 후련함과 안간힘의 기교가 비애감을 한층 더 돋을새김하는 것도 사실이다. 사직서를 쓰고 싶은 아침마다 대신 꺼내 읽으며 격해진 가슴을 진정시켜주던 시다.

성에꽃

최두석(1956~)

새벽 시내버스는
차창에 웬 찬란한 치장을 하고 달린다.
엄동 혹한일수록
선연히 피는 성에꽃
어제 이 버스를 탔던
처녀 총각 아이 어른
미용사 외판원 파출부 실업자의
입김과 숨결이
간밤에 은밀히 만나 피워 낸
번뜩이는 기막힌 아름다움
나는 무슨 전람회에 온 듯
자리를 옮겨 다니며 보고
다시 꽃이파리 하나, 섬세하고도
차가운 아름다움에 취한다.
어느 누구의 막막한 한숨이던가
어떤 더운 가슴이 토해 낸 정열의 숨결이던가
일없이 정성스레 입김으로 손가락으로

성에꽃 한 잎 지우고
이마를 대고 본다.
덜컹거리는 창에 어리는 푸석한 얼굴
오랫동안 함께 길을 걸었으나
지금은 면회마저 금지된 친구여.

버스 안이 낭떠러지다. 출입구 쪽 계단에 간신히 발 하나를 걸치고, 틈을 보아 착지를 하지 못한 나머지 발을 조심스레 올려놓는다. 등받이에 머리를 기대고 잠든 사람, 벨 소리에 화다닥 눈을 떴다 도로 감는 사람, 버스 손잡이에 매달려 신문을 읽고 있는 사람 사이에서 양복 옷 주름처럼 이마가 저절로 찡그려진다. 그런데 지긋지긋한 이 버스 속에 세상 어디에서도 볼 수 없는 '기막힌 아름다움'이 있다. 혹한 속에 움츠린 몸을 부비면서 피워낸 꽃, 고단하게 절은 몸속의 가난한 체온들이 가꾼 화원, 성에꽃 전시장이다. 그 아름다움에 취해 유리창에 나도 따라 비린 열기와 입김을 더해본다. 하얀 보드판처럼 걸린 창문 위에 지금은 만날 수 없는 그리운 이름들을 적어본다. 찡그린 옷 주름을 몇 번 더 찡그린다면 어떠랴. 내 숨결 위로 더해지는 숨결들과 함께 혹한에 맞서며 후끈 달아오를 수 있다면, 그 열기로 생생해지는 꽃을 볼 수 있다면!

# 선천성그리움
ⓒ 손택수

초판 1쇄 인쇄	2013년 2월 5일
초판 1쇄 발행	2013년 2월 15일
지은이	손택수
펴낸이	김석봉
디자인	박소연
펴낸곳	문학의전당
출판등록	제311-2012-000043호
주소	서울시 은평구 연서로11길 7-5 401호
편집실	서울시 마포구 공덕2동 404 풍림VIP빌딩 413호
전화	02-852-1977
팩스	02-852-1978
블로그	http://blog.naver.com/mhjd2003
전자우편	sbpoem@hanmail.net
ISBN	978-89-98096-19-9 03810

*이 책의 판권은 지은이와 문학의전당에 있습니다.
*양측의 서면 동의 없는 무단 전재 및 복제를 금합니다.
*잘못 만들어진 책은 바꿔드립니다.